Kevin Keil

Was bedeutet der Brexit für die Limited?

Die GmbH-Novelle und weitere Rechtsfragen in Zeiten des Umbruchs

Bibliografische Information der Deutschen Nationalbibliothek:

Die Deutsche Nationalbibliothek verzeichnet diese Publikation in der Deutschen Nationalbibliografie; detaillierte bibliografische Daten sind im Internet über http://dnb.d-nb.de abrufbar.

Impressum:

Copyright © Studylab

Ein Imprint der Open Publishing GmbH

Druck und Bindung: Books on Demand GmbH, Norderstedt, Germany

Coverbild: Open Publishing | Freepik.com | Flaticon.com | ei8htz

Inhaltsverzeichnis

Abkürzungsverzeichnis

a.A.	andere Ansicht
a.F.	alte Fassung
Abs.	Absatz
AEUV	Vertrag über die Arbeitsweise der Europäischen Union
AG	Aktiengesellschaft
AktG	Aktiengesetz
BeckOK	Beck Online-Kommentar
BGB	Bürgerliches Gesetzbuch
BGH	Bundesgerichtshof
Brexit	Britain exit (Austritt des Vereinigten Königreichs aus der EU)
BT-Drucks.	Bundestag Drucksachen
CA	Companies Act
EU	Europäische Union
EuGH	Europäischer Gerichtshof
EUV	Vertrag über die Europäische Union
EWR	Europäischer Wirtschaftsraum
GbR	Gesellschaft bürgerlichen Rechts
GmbH	Gesellschaft mit beschränkter Haftung
GmbHG	Gesetz betreffend die Gesellschaft mit beschränkter Haftung
h.M.	herrschende Meinung
HGB	Handelsgesetzbuch
KG	Kommanditgesellschaft
Limited	private limited company limited by shares
Ltd.	private limited company limited by shares
MoMiG	Gesetz zur Modernisierung des GmbH-Rechts zur Bekämpfung von Missbräuchen
n.F.	neue Fassung

Nr.	Nummer
OHG	Offene Handelsgesellschaft
OLG	Oberlandesgericht
PublG	Gesetz über die Rechnungslegung von bestimmten Unternehmen und Konzernen (Publizitätsgesetz)
Rdnr.	Randnummer
RefE	Referentenentwurf
RegE	Regierungsentwurf
StGB	Strafgesetzbuch
UG	Unternehmergesellschaft (haftungsbeschränkt)
UmwG	Umwandlungsgesetz
z.B.	zum Beispiel

1 Einleitung

Die letzten Jahre waren sowohl für das nationale als auch das internationale Gesellschaftsrecht besonders turbulent. Nicht nur hatte das GmbH-Recht die bedeutendste Reform seit der Einführung vor über 100 Jahren erfahren, es wurden auch durch die Rechtsprechung des Europäischen Gerichtshof Möglichkeiten geschaffen, durch welche die Gesellschaften enorm an Mobilität gewonnen haben. Schlussendlich führte die Rechtsprechung dazu, dass die englische Limited Einzug in das kontinentaleuropäische Gesellschaftsrecht und Wirtschaftsleben erlangte.

Diese Entwicklung von fortlaufender Integration hat durch den Entschluss Großbritanniens, die Europäische Union zu verlassen, erstmals einen herben Rückschlag erlitten. Da der Austritt gemeinhin immer als unwahrscheinlich galt und es der erste Austritt eines Staates aus der EU ist, gibt es für die Situation keine Präzedenzfälle und es ist noch vollkommen unklar, wie genau der Austritt vonstattengeht.

Die EU steht dabei nicht nur vor politischen Problemen, sondern auch Rechtsfragen müssen geklärt werden. Eine solche Frage ist die Zukunft der Limited in Europa, welche ich unter Betrachtung des MoMiG versuchen werde zu klären.

Dabei werde ich die Betrachtung der unterschiedlichen steuerrechtlichen Vorschriften außen vor lassen und auch die praktischen wirtschaftlichen Tätigkeiten der Gesellschaften nicht erläutern, da dies im Rahmen einer Bachelorarbeit zu weitgehend wäre und viel mehr Bestandteil eines Praxishandbuchs ist. Auch werde ich im Rahmen der vorliegenden Arbeit, das MoMiG nur in Hinblick auf die Änderungen des GmbH-Rechts betrachten.

2 Deutsches Gesellschaftsrecht

2.1 Allgemeines

Das Deutsche Gesellschaftsrecht untergliedert sich grundsätzlich in zwei unterschiedliche Typen von Gesellschaften. Zum einen die Personengesellschaften und zum anderen deren Gegenpol, die Kapitalgesellschaften. Die Grundform der Personengesellschaften bildet die GbR. Auf deren Basis bauen die weiteren Typen wie die OHG oder die KG auf. Die Personengesellschaften kennzeichnet, dass sie selbst keine juristischen Personen sind und somit als solche zunächst keine Rechtsfähigkeit besitzen. Allerdings wird der GbR durch die Rechtsprechung des BGH Rechtsfähigkeit zugesprochen.[1] Die OHG hingegen ist gemäß § 124 Abs. 1 HGB rechtsfähig. Gleiches gilt gemäß §§ 124 Abs. 1, 161 Abs. 2 HGB auch für die KG. Die Gesellschaft ist somit stark von der Person der Gesellschafter abhängig, was sich auch im dispositiven Grundsatz der GbR widerspiegelt, dass mit dem Austritt eines Gesellschafters die Gesellschaft erlischt.[2]

Bei der Gründung von Gesellschaften ist oftmals der entscheidende Grund eine Kapitalgesellschaft zu bevorzugen, dass die Gesellschafter dabei nicht über das Gesellschaftsvermögen hinaus persönlich haften. Die Kapitalgesellschaften bilden somit eine zusätzliche Absicherung im Wirtschaftsleben. Im Gegensatz zu den Personengesellschaften sind die Kapitalgesellschaften juristische Personen und somit selbst Träger von Rechten und Pflichten. Dem einzelnen Gesellschafter kommt dabei weniger Bedeutung zu, was noch verstärkt wird, da auch Nichtgesellschafter gemäß § 6 Abs 2 S. 1 GmbHG Geschäftsführertätigkeiten übernehmen können. Die GmbH mit ihrer Sonderform der UG bildete im Jahr 2015 mit über 99%[3] aller Kapitalgesellschaftsgründungen die bedeutendste Gesellschaftsform in Deutschland, wobei der Anteil stetig steigt. Dies gibt ausreichend Anlass, sich mit der GmbH und ihrer vergleichsweise jungen Sonderform, der UG tiefergehend zu beschäftigen.

---

[1] BGH, 29.01.2001 – II ZR 331/00, BGHZ 146, 341-361.

[2] Vgl. §§ 727 Abs. 1, 736 Abs. 1, 737 S. 1 BGB.

[3] Institut für Meinungsforschung Bonn, Gewerbliche Unternehmensgründungen nach Rechtsform, https://www.ifm-bonn.org/fileadmin/data/redaktion/statistik/gruendungen-und-unternehmensschliessungen/dokumente/UntGr_UntLi_RF_2005-2015.pdf (Stand: 24.12.2017).

2.2 Entwicklung des GmbH-Rechts

Den Ursprung des GmbH-Rechts findet man im Jahr 1892. Auslöser für die Einführung der GmbH war das Fehlen einer passenden Form zwischen einer Aktiengesellschaft und einer Handelsgesellschaft. Die Aktiengesellschaft war nicht flexibel genug und auf eine Vielzahl von passiven Kapitalanlegern ausgelegt. Die Handelsgesellschaft sah hingegen keine Möglichkeit der Haftungsbeschränkung vor.[4] Die Lösung dafür war die weltweit erste Kapitalgesellschaft mit beschränkter Haftung, die explizit für kleinere Unternehmen gedacht war.

Aufgrund der Vielzahl der heute existierenden GmbHs und der Vorbildfunktion für Gesellschaften in anderen Ländern ist davon auszugehen, dass diese Entwicklung ein Erfolg war.

Einen ersten Reformversuch gab es, abgesehen von einzelnen Gesetzesänderungen, erst im Jahr 1939. Dabei sollte der Kern der Gesellschaft allerdings nicht verändert werden, es sollte lediglich der Gläubigerschutz gestärkt werden, da es nach dem ersten Weltkrieg zu unerlaubten Vermögensverschiebungen gekommen ist, bei denen die GmbH missbraucht wurde.[5] Auch wenn der Entwurf aufgrund des ausbrechenden zweiten Weltkrieges nie verwirklicht wurde, zeigt er die gleichen Probleme auf, die auch bei den späteren Reformen zu beheben versucht wurden.

Der nächste Reformversuch folgte in den späten sechziger Jahren. Dabei sollte das GmbH-Recht grundlegend reformiert werden, um den Gläubigerschutz zu erhöhen. Gemäß § 8 GmbHG des Referentenentwurfs sollte das Mindeststammkapital auf 50.000 DM erhöht werden.[6] Dies wurde aber verworfen und taucht im Regierungsentwurf von 1971 schon nicht mehr auf.

Im RegE 71 sieht § 2 GmbHG vor, dass auch künftig die Gründung einer Einmann-Gesellschaft verboten ist, ohne andererseits auszuschließen, dass sich im späteren Leben der Gesellschaft alle Geschäftsanteile in der Hand eines Gesellschafters vereinigen können.[7] Die §§ 14 und 15 des Regierungsentwurfes knüpften die Er-

---

[4] Jungmann/Santoro, in: German GmbH Law Das deutsche GmbH-Recht, 2011, S. 1 (3).

[5] Mosthaf, in: Die Reformen des Rechts der Gesellschaften mit beschränkter Haftung, 1994, S. 15 (18).

[6] Referentenentwurf eines Gesetzes über Gesellschaften mit beschränkter Haftung, Hrsg. Bundesministerium der Justiz.

[7] BT-Drucksachen VI/3088.

bringung von Sacheinlagen außerdem an gewisse Hürden. So musste ein Sachgründungsbericht gemäß § 14 GmbHG erstellt werden, der die genauen Umstände darlegt, wie die Bewertung einer Sacheinlage erfolgt ist. §15 GmbHG des RegE 71 sah vor, dass eine Gründungsprüfung leichter durch die Gerichte beauftragt werden kann, wenn als Sacheinlage Wertpapiere oder andere Gegenstände, deren Wert nicht eindeutig festgestellt werden kann, erbracht werden. Somit wurde die schon 1939 festgestellte Kernproblematik der Sacheinlagen, die Gefahr der Überbewertung, wieder aufgegriffen

Der Referentenentwurf 1969 sowie die Regierungsentwürfe 1971 und 1973 mussten aber von allen Seiten starke Kritik einstecken, da überwiegend befürchtet wurde, dass durch die Reform die Gestaltungsfreiheit der GmbH zu stark beschnitten wird und der Entwurf sich hauptsächlich an der Reform des AktG orientiert.[8] Schlussendlich war der Widerstand aus der Wirtschaft zu groß, als dass die Reform hätte umgesetzt werden können. Es wurde darauf verwiesen, dass das GmbHG sich in den letzten 77 Jahren ohne Missstände, die nicht durch die Rechtsprechung hätten geklärt werden können, durchaus bewiesen hätte und deshalb auch nicht reformbedürftig sei.[9]

Erst im Jahr 1980 gelang es nach vielen fehlgeschlagenen Versuchen das GmbHG zu reformieren. Dabei waren wieder schwerpunktmäßige Zielsetzungen, den Gläubigerschutz zu erhöhen und auch die Rechte des einzelnen Gesellschafters zu stärken.[10] Dies sollte durch einen weiteren Versuch, das Stammkapital der GmbH gemäß § 5 Abs. 1 GmbHG a.F. auf 50.000 DM zu erhöhen, erreicht werden. Eine weitere bedeutende Änderung war, dass durch das Einfügen von „durch eine oder mehrere Personen" in § 1 GmbHG es endlich möglich war, eine Einpersonengesellschaft zu gründen.[11] Diese Änderung unterstreicht die wirtschaftspolitischen Maßnahmen der späten 70er- und frühen 80er Jahre. Die Bundesregierung verlor allmählich das Vertrauen in die Wirksamkeit keynesianischer Konzepte und Maß-

---

[8]   Mosthaf, in: Die Reformen des Rechts der Gesellschaften mit beschränkter Haftung, 1994, S. 15 (30).

[9]   Mosthaf, in: Die Reformen des Rechts der Gesellschaften mit beschränkter Haftung, 1994, S. 15 (39).

[10]   BT-Drucks. 8/1347.

[11]   BT-Drucks. 8/1347.

nahmen und setzte stattdessen mehr und mehr auf eine angebotsorientierte Politik.[12]

Auch wenn dies die erste tatsächliche Reform des GmbHG war, so waren auch diese Änderung nicht tiefgreifend und behielten den Kern des GmbHG bei.

Die bedeutendste Reform des GmbHG war hingegen das MoMiG, dass Gesetz zur Modernisierung des GmbH-Rechts und zur Bekämpfung von Missbräuchen im Jahr 2008. Damit wurde der Wettbewerb der Rechtsordnungen aufgenommen, wobei tiefgreifende Reformen nötig waren.

2.3 Das MoMiG

2.3.1 Limited als Anstoß zum MoMiG

Das MoMiG ist am 1. November 2008 in Kraft getreten und war die umfassendste Novelle des GmbH-Rechts. Die Ursachen, die eine Reform des GmbHG notwendig machten, sind vielseitig, dennoch wird die Rechtsprechung des Europäischen Gerichtshofs mit der damit einhergehenden Ausbreitung der Limited private company by shares über die Staatsgrenzen Großbritanniens hinaus als die bedeutendste Ursache angesehen. Die englische Limited wurde über die Jahre hinweg immer populärer, da sie die Möglichkeit einer Haftungsbeschränkung bietet, ohne dass ein Startkapital von 25000 € wie bei der GmbH aufgebracht werden muss und darüber hinaus auch schneller und einfacher zu gründen war.[13] Um dem entgegenzuwirken war das Ziel des MoMiG, den Wettbewerb der Rechtsordnungen aufzunehmen und die GmbH dem veränderten Umständen anzupassen. Diese Modernisierung war dringend notwendig, da die GmbH trotz einiger Änderungen in ihrer grundlegenden Struktur seit ihrer Einführung im Jahr 1892 unverändert geblieben ist. Ziel war somit eine vollständige Novellierung des GmbHG in allen wesentlichen Bereichen.[14] Darüber hinaus wurde eine neue Gesellschaftsform, die Unternehmergesellschaft mit beschränkter Haftung gemäß § 5a GmbHG einge-

---

[12] Bundeszentrale für politische Bildung, Wirtschaftliche Entwicklung in der Bundesrepublik, http://www.bpb.de/izpb/9748/wirtschaftliche-entwicklung-in-der-bundesrepublik?p=all (Stand: 14.12.17).

[13] Institut für Meinungsforschung Bonn, Gewerbliche Unternehmensgründungen nach Rechtsform, https://www.ifm-bonn.org/fileadmin/data/redaktion/statistik/gruendungen-und-unternehmensschliessungen/dokumente/UntGr_UntLi_RF_2005-2015.pdf (Stand: 24.12.2017).

[14] Leistikow, in: Das neue GmbH-Recht, 2009, S. 21 (22).

führt. Um beurteilen zu können, inwieweit die Reform erfolgreich war müssen die einzelnen Bereiche näher betrachtet werden. Dabei verdienen die Bereiche besondere Betrachtung, die besonders relevant für den Vergleich mit der englischen Limited sind und mit denen das deutsche Gesellschaftsrecht im internationalen Wettbewerb attraktiver werden sollte.

2.3.2 Veränderungen durch das MoMiG

2.3.2.1 Gründung einer GmbH

Ausschlaggebend welche Rechtsform gewählt wird ist oftmals schon der Gründungsakt. So musste bei der Gründung einer GmbH meist mit einer Zeit von mehreren Monaten gerechnet werden.

Um diese Zeit zu verringern, wurde gemäß § 2 Abs. 1a GmbHG n.F. die Möglichkeit der vereinfachten Gründung mittels eines Standardvertrages eröffnet. Voraussetzung für die vereinfachte Gründung ist, dass die Gesellschaft mit maximal 3 Gesellschaftern und einem Geschäftsführer gegründet wird. Der Gesetzgeber begründet die Einführung eines Musterprotokolls damit, dass es besonders für junge Existenzgründer sehr einfach sein soll, ihre unternehmerischen Ziele in Angriff zu nehmen. Die GmbH gewinnt darüber hinaus ein ihr bisher unbekanntes Maß an Flexibilität, Schnelligkeit, Einfachheit und Kostengünstigkeit.[15]

Allerdings dürfen gemäß § 2 Abs. 1a S. 3 GmbHG n.F. keine vom Gesetz abweichenden Regelungen getroffen werden. Dies führt zu einer erheblichen Einschränkung der Gestaltungsfreiheit, da die Vorschriften des GmbHG zum überwiegendem Teil dispositiver Natur sind. Kritisch ist auch zu sehen, dass gemäß § 2 Abs. 1a S. 5 GmbHG die Vorschriften über den Gesellschaftsvertrag im übrigen Anwendung finden. Somit liegen auch bei der Gründung keine Umstände vor, die zu einer Beschleunigung des Verfahrens führen würden. So gibt es bei der notariellen Beurkundung keine Unterschiede zu einer individuellen Gründung und es gibt auch keine Vorschrift für die Registergerichte, Gründungen mittels Musterprotokoll vorrangig zu behandeln. Auch eine Erleichterung bei der Aufbringung des Stammkapitals ist nicht vorhanden. Weiter ist es bei der Gründung mittels Musterprotokoll gemäß Nr. 3 des Musterprotokolls zu beachten, dass Sachgrün-

---

[15] BR-Drucks. 354/07 S.70.

dungen ausgeschlossen werden, da von Euro gesprochen wird. Dies kann auch zu einem unangenehmen Nachteil werden.

Einziger Vorteil ist, dass die Gründungskosten bei Verwendung des Musterprotokolls in Verbindung mit der Unternehmergesellschaft um maximal ca. 200 € verringert werden können.[16] Darüber hinaus sind bürokratische Kostenersparnisse bei den Registergerichten denkbar.

Neben den Musterprotokollen bildet die Änderung des § 7 Abs. 3 GmbHG eine weitere Erleichterung. In der alten Fassung war vorgesehen, dass im Falle der Gründung durch eine Person die Anmeldung vor der zusätzlichen Hürde steht, dass neben der Zahlung der Hälfte der Stammeinlage eine Sicherheit für die andere Hälfte bestellt worden ist. Dies stellte für die ohnehin schon finanziell schlechter aufgestellte Einpersonengesellschaft, eine zusätzliche finanzielle Belastung dar. Der Wegfall dieser Norm erscheint vor dem Hintergrund, dass der vorläufige Regierungsentwurf eine finanziell erleichterte Gründung und damit einhergehend ein Herabsetzen des Stammkapitals auf 10.000 € vorsah[17] nur logisch.

Die Registergerichte wurden im Hinblick auf das Ansetzen einer Nachprüfung, falls sie Zweifel an der Richtigkeit der Angaben haben, eingeschränkt. So schreibt der neue Gesetzestext in § 8 Abs. 2 S. 2 GmbHG vor, dass erhebliche Zweifel an der Richtigkeit bestehen müssen. Bei unerheblichen Zweifeln kann das Gericht nun keine Prüfung mehr verlangen, sondern muss auf die Versicherung der Gesellschafter gemäß § 8 Abs. 2 i.V.m. § 7 Abs. 2 und 3 GmbHG vertrauen.

Weiter sollte durch den Wegfall des § 8 Abs. 1 Nr. 6 GmbHG a.F. die Gründung für den Fall, dass es sich bei dem Gegenstand des Unternehmens um einen genehmigungspflichtigen handelt, beschleunigt werden. Dies wird erreicht, da die Genehmigung nicht mehr Bestandteil der Anmeldung i.S.d. § 8 Abs. 1 GmbHG n.F. sein muss und der Genehmigungsakt somit vom Gründungsakt getrennt wurde.

---

[16] Wachter, in: Das MoMiG in Wissenschaft und Praxis, 2009, S. 1 (22).
[17] BT-Drucks. 16/6140 S. 5.

2.3.2.2 Kapitalaufbringungen

Bei der Kapitalaufbringung gab es einen gravierenden Unterschied, zwischen dem Regierungsentwurf und dem verabschiedeten Gesetz. Der Regierungsentwurf sah, wie oben bereits angedeutet, ein Herabsetzen des Stammkapitals auf 10.000 € vor. Dies entspräche dem Wert vor der Reform von 1980.

Im Regierungsentwurf wird dies wie folgt begründet:„Es wird erneut vorgeschlagen, die Vorschriften über die Aufbringung des Mindeststammkapitals an die tatsächlichen Anforderungen der Praxis anzupassen. Dies geschieht auch mit Blick auf die EuGH Rechtsprechung und den zunehmenden Wettbewerb der Gesellschaftsrechtsformen in Europa."[18] Die Anspielung des Wettbewerbs der Gesellschaftsformen zielt auf die schon mehrmals erwähnte Limited ab, die sich als funktionierende Gesellschaftsform etabliert hat und keinerlei Stammkapital voraussetzt.

Gemäß § 5 Abs. 2 S. 2 GmbHG ist es nun möglich, schon bei der Gründung mehrere Geschäftsanteile zu übernehmen. Dadurch gewinnt die Gesellschaft mehr Flexibilität bei der Gründung, da der Nennbetrag aller Geschäftsanteile gleich sein kann und trotzdem manche Gesellschafter einen größeren Anteil an der Gesellschaft besitzen können.

Die Größe der einzelnen Geschäftsanteile ist nun auch nahezu beliebig. Einzige Voraussetzung ist gemäß § 5 Abs. 2 S. 1 GmbHG, dass der Nennbetrag jedes Geschäftsanteils auf volle Euro lauten muss.

Eine weitere Änderung betrifft die Sacheinlagen, die seit der Einführung des GmbHG 1892 bei jeder versuchten Reform von Bedeutung waren und seit jeher Fragen aufgeworfen haben. Bei dem MoMiG kann man die Sacheinlagen betreffend von einer Deregulierung sprechen. Gemäß § 9c Abs. 1 S. 1 GmbHG kann das Gericht die Eintragung der Gesellschaft zwar ablehnen, wenn die Gesellschaft nicht ordnungsgemäß errichtet worden ist. Dies gilt gemäß §9c Abs. 1 S. 2 GmbHG aber bei Sacheinlagen nur noch, wenn diese nicht unwesentlich überbewertet worden sind.

Mit der Änderung hin zu nicht unwesentlichen Überbewertungen wird damit ein inhaltlich nicht begründbarer Widerspruch zwischen AktG und GmbHG beseitigt.

---

[18] BT-Drucks. 16/6140.

Darüber hinaus werden die Gerichte in Hinblick auf die steigenden Zahlen der GmbH-Gründungen entlastet, da nicht jede noch so kleine Überbewertung überprüft werden muss, was in der Vergangenheit zu Verzögerungen geführt hat.[19]

Fraglich ist bei dieser Änderung, was als wesentliche Überbewertung gilt, da weder im Gesetz noch in den Begründungen der Gesetzesentwürfe dazu passende Regelungen zu finden sind. Es ist davon auszugehen, dass der Gesetzgeber beabsichtigte, dies von der Rechtsprechung und Literatur entwickeln zu lassen.

Die h.M. der Literatur stellt eine unwesentliche Überbewertung fest, wenn der Wert unter Berücksichtigung üblicher Bewertungsdifferenzen nicht erreicht wird.[20] Dies ist zwar auch keine klare Bewertungsmethode, aber es ist offensichtlich, dass die Überbewertung wirklich schwerwiegend sein muss, da auch Bewertungsdifferenzen mitbedacht werden. Hingegen sind Unterbewertung vollkommen unproblematisch und führen nicht zu einer Verweigerung der Eintragung. Allerdings sollte eine Unterbewertung aus wirtschaftlicher Sicht nicht allzu gravierend sein.

Auch wenn eine unwesentliche Überbewertung nicht zur Verweigerung der Eintragung führt, so sieht § 9 Abs. S.1 GmbHG vor, dass der Fehlbetrag eines Gesellschafters in Geld nachgeleistet werden muss.

Die Frist für die Nachleistung verjährt gemäß § 9 Abs. 2 GmbHG in 10 Jahren seit der Eintragung in das Handelsregister. Die Verjährungsfrist kann in der Satzung aber verlängert werden.[21]

Weiter ist der Gesetzgeber mit dem MoMiG auf die verdeckten Sacheinlagen eingegangen. Diese haben in der Vergangenheit oftmals zu Problemen geführt, da damit die strengeren Auflagen für die Einlage von Sacheinlagen umgangen wurden. §19 Abs. 4 S. 1 GmbHG definiert diese als eine Geldeinlage, die bei wirtschaftlicher Betrachtung und aufgrund einer im Zusammenhang mit der Übernahme der Geldeinlage getroffenen Abrede vollständig oder teilweise als Sacheinlage zu bewerten ist. Vorstellbar ist diese Situation, wenn ein Gesellschafter eine Bareinlage erbringt, im gleichen Zug aber ein Verpflichtungsgeschäft zwischen der Ge-

---

[19] BT-Drucks. 16/6140 S. 36.

[20] Fastrich, in: Baumbach/Hueck, GmbHG-Gesetz, § 9c, Rdnr. 7a; Jaeger, in: BeckOK GmbHG, Ziemons/Jaeger, § 9c Rdnr. 11; Tebben, in: Michalski/Heidinger/Leible/Schmidt, GmbHG, § 9c, Rdnr. 25.

[21] Ziemons, in: BeckOK GmbHG, § 9 Rdnr. 30.

sellschaft und sich selbst darüber abschließt, zum Beispiel ein Grundstück im Namen der Gesellschaft von sich zu kaufen. Somit bekommt er das Geld direkt wieder zurück und die Gesellschaft hatte den Gegenstand.

Gemäß § 19 Abs. 4 S. 1 GmbHG besteht für den Gesellschafter im Falle von verdeckten Sacheinlage grundsätzlich die Bareinlagepflicht fort. Die Verträge über die Sacheinlagen sind gemäß § 19 Abs. 4 S. 2 GmbHG allerdings nicht unwirksam. Damit besteht zwischen Gesellschaft und Gesellschafter grundsätzlich nur die auf das Einlageschuldverhältnis bezogenen Forderungen: Die Gesellschaft kann die fortbestehende Bareinlageforderung geltend machen und ist einem Bereicherungsanspruch auf Rückzahlung der fehlgeschlagenen Bareinzahlung ausgesetzt.[22]

Gemäß §19 Abs. 4 S.3 GmbHG wird der eingebrachte Vermögensgegenstand angerechnet, was dazu führt, dass der Gesellschafter nur einer Differenzhaftung unterliegt. Dies ist eine erhebliche Milderung, da vor dem MoMiG sowohl das Verpflichtungs-, als auch das Verfügungsgeschäft unwirksam waren. [23]

Aufgrund der Tatsache, dass der Gesellschafter gemäß § 19 Abs. 4 S. 5 GmbHG die Beweislast für die Werthaltigkeit des Gegenstands trägt, ist dies genug Anreiz, die Vorschriften für eine Sacheinlage zu beachten, da die Kosten für ein Gutachten zur Bewertung und die mögliche Differenzhaftung zu einer höheren Belastung führen.

Eine weitere Deregulierungsmaßnahme ist, dass die Geschäftsanteile gemäß § 15 Abs. 1 und 5 GmbHG grundsätzlich ohne die Genehmigung der Gesellschaft veräußert werden können. Es kann aber im Gesellschaftsvertrag Entgegenstehendes geregelt werden.

2.3.2.3 Missbrauchsbekämpfung

Fasst man die unter Gründung einer GmbH und Kapitalaufbringung genannten Änderungen zusammen, so sind es allesamt Maßnahmen, die eine Deregulierung herbeiführen sollen. Sie passen das Deutsche GmbH-Recht dem weitaus weniger regulierten englischen Recht an. Die Maßnahmen die ergriffen werden müssen, um eine wirksame Missbrauchsbekämpfung zu ermöglichen, sind allerdings Re-

---

[22] Grigoleit/Rieder, in: GmbH-Recht nach dem MoMiG, 2009, S 61 (63).
[23] Ebbing, in: Michalski/Heidinger/Leible/Schmidt, GmbHG, § 19 Rdnr. 152.

gulierungsmaßnahmen, da sie Freiheiten der Gesellschafter verringern müssen, um wirksam Missbräuche zu bekämpfen.

Um die GmbH in ihrer Aktivität nicht zu behindern und dennoch Missbräuchen vorzubeugen entschied man sich dazu, dass nicht jeder Geschäftsführertätigkeiten leisten darf. § 6 Abs. 2 GmbHG a.F. sah bereits vor, dass nur natürliche, unbeschränkt geschäftsfähige Personen Geschäftsführertätigkeiten leisten dürfen. Sollte jemand wegen Insolvenzstraftaten gemäß §§ 283 bis 283 StGB verurteilt worden sein, so ist diesem für fünf Jahre verboten Geschäftsführer zu sein. Es darf auch niemand Geschäftsführer einer entsprechenden GmbH sein, wenn ihm durch gerichtliches Urteil die Ausübung dieses Berufes untersagt worden ist. Diese Vorschriften wurde aus der alten, in die neue Fassung übernommen. Dazu kamen aber noch einige Verschärfungen.

So darf gemäß § 6 Abs. 2 Nr. 3 GmbHG n.F. niemand Geschäftsführer sein, der eine der folgenden Straftaten begangen hat. Darunter fallen, die Insolvenzverschleppung, Falschangaben gemäß § 82 GmbHG oder §399 AktG, unrichtige Darstellung nach §400 AktG, §331 HGB, §313 UmwG oder §17 PublG, oder Betrugs- und Untreuedelikte gemäß §§ 263 bis 264a oder §§ 265b bis 266a StGB, wenn derjenige zu einer Freiheitsstrafe von mindestens einem Jahr verurteilt worden ist. Auch dabei gilt der Ausschluss für fünf Jahre.

Der Gesetzgeber hat somit eine Möglichkeit gefunden, Missbräuche zu verhindern, indem er Personen, bei denen ein erhöhtes Risiko zu Missbräuchen besteht, von vornherein von den Geschäftsführertätigkeiten ausschließt. Eine bestehende GmbH deren Geschäftsführer sich nichts zu Schulden kommen lassen hat, ist von dieser Regulierungsmaßnahme nicht betroffen und bleibt unverändert konkurrenzfähig.

Von erheblicher praktischer Bedeutung ist die Ausweitung der Bestellungshindernisse auf Straftaten wegen falschen Angaben. Ein Geschäftsführer, der im Zusammenhang mit der Gründung einer GmbH falsche Angaben macht, wird demnach nicht nur bestraft, sondern unterliegt zugleich für die Dauer von fünf Jahren einem gesetzlichen Bestellungsverbot.[24]

Eine weitere Neuerung betrifft § 6 Abs. 5 GmbHG n.F. Demnach haften Gesellschafter, die eine Person zum Geschäftsführer bestellen, bei der ein Bestellungs-

---

[24] Wachter, in: Das MoMiG in Wissenschaft und Praxis, 2009, S. 1 (43).

hindernis besteht, der Gesellschaft solidarisch für den daraus entstehenden Schaden. Voraussetzung dafür ist aber, dass sie vorsätzlich oder grob fahrlässig handeln. Die Intension des Gesetzgebers ist dabei womöglich Minderheiten zu schützen, also Gesellschafter, die vielleicht nur einen kleinen Teil zum Stammkapital beigetragen haben und auch nicht aktiv am Geschehen der Gesellschaft teilhaben. Allerdings wird so ein Fall in der Praxis womöglich selten vorkommen, da oftmals von einem potentiellen Geschäftsführer eine Versicherung verlangt wird, dass keine Bestellungshindernisse vorliegen oder ein polizeiliches Führungszeugnis als Nachweis verlangt wird.[25]

2.3.2.4 Satzungs- und Verwaltungssitz

Um die Neuregelungen des MoMiG zu verstehen, müssen zunächst einige Grundbegriffe geklärt werden.

Der Satzungssitz ist der Sitz, auf den sich das Gesetz oftmals bezieht und der sozusagen der offizielle Sitz der Gesellschaft ist. Den Verwaltungssitz hingegen kann man als den tatsächlichen Sitz einer Gesellschaft bezeichnen, der Sitz, an dem die Gesellschaft tätig wird.

Darüber hinaus wird zwischen zwei Theorien unterscheiden, der Sitztheorie und der Gründungstheorie. In Deutschland folgen Rechtsprechung und Literatur der Sitztheorie. Gesellschaftsstatut ist danach das Recht desjenigen Staates, in dem die Gesellschaft ihre Verwaltung hat und nicht der in der Satzung genannte Sitz einer Gesellschaft. Somit soll sichergestellt werden, dass jeweils nur das Recht desjenigen Staates zur Anwendung gelangt der am stärksten von den Tätigkeiten betroffen ist.[26]

Die Gründungstheorie hingegen vertritt die entgegengesetzte Meinung. Gesellschaftsstatut ist danach das Recht, nach dem die Gesellschaft gegründet und ausgestaltet wurde. Den Gesellschaftern steht demnach eine gewisse Rechtswahlfreiheit zu. Die Sitztheorie ist somit gläubigerfreundlich und die Gründungstheorie eher gesellschafterfreundlich.[27]

---

[25] Wachter, in: Das MoMiG in Wissenschaft und Praxis, 2009, S. 1 (47).

[26] Leible, in: Michalski/Heidinger/Leible/Schmidt, GmbHG, Die Bestimmung des Gesellschaftsstatuts Rdnr. 4.

[27] Leible, in: Michalski/Heidinger/Leible/Schmidt, GmbHG, Die Bestimmung des Gesellschaftsstatuts Rdnr. 7.

Die den Sitz einer Gesellschaft betreffenden Änderungen ergeben sich überwiegend aus dem Wegfall von § 4a Abs. 2 GmbHG a.F. Gemäß der alten Fassung war der Sitz der Ort, an dem die Gesellschaft einen Betrieb hat oder der Ort an dem sich die Geschäftsleitung oder Verwaltung befindet. Der Normzweck des § 4a Abs. 2 GmbHG a.F. war, das Auseinanderfallen von statutarischen und tatsächlichen Sitz zu verhindern, um dadurch den Gläubigerzugriff und die amtliche Zustellung von Registerverfügungen zu ermöglichen.[28] Dieser Absatz wurde im Rahmen der Novelle ersatzlos entfernt. Nun enthält §4a GmbHG nur noch den früheren ersten Absatz, wonach der Sitz der Gesellschaft der Ort im Inland ist, den der Gesellschaftsvertrag bestimmt. Die Änderung kann somit als eine Abkehr von einer strikten Anwendung der Sitztheorie aufgefasst werden.

Die Begründung des Gesetzgebers zu dieser Entscheidung ist, dass es eine Reaktion auf die Rechtsprechung des EuGH ist, durch die es ausländischen Gesellschaften möglich ist, ihren Verwaltungssitz nach Deutschland zu verlegen, wenn dies durch das Recht ihres Gründungsstaates gestattet ist.[29] Auf die genaue Rechtsprechung zum Urteil „Überseering" und die Limited wird aber unter den Punkten C. und D. genauer eingegangen. Es ist festzuhalten, dass es einer Gesellschaft nun möglich ist, einen Verwaltungssitz zu wählen, der nicht notwendig mit dem Satzungssitz übereinstimmt.[30] Der Satzungssitz einer GmbH oder UG muss aber gemäß § 4a Abs. 1 GmbHG stets „im Inland" bleiben.

2.3.2.5 Die Unternehmergesellschaft (haftungsbeschränkt)

Die Unternehmergesellschaft (haftungsbeschränkt) ist eine neue Art der GmbH die der Gesetzgeber mit dem MoMiG eingeführt hat. Die Normen, die auf die GmbH Anwendung finden, finden auch auf die UG Anwendung, wenn nicht § 5a GmbHG etwas anderes vorschreibt. Durch diese Rechtsform sollte ein Kompromiss gefunden werden zwischen den Stimmen, die sich aus Gründen höherer Wettbewerbsfähigkeit für die vollständige Abschaffung eines Mindeststammkapitals der GmbH aussprechen und denjenigen, die eine finanzielle Untergrenze als

---

[28] BGH, Beschluss vom 02.Juni 2008 – II ZB 1/06-, juris.
[29] Leistikow, in: Das neue GmbH-Recht, 2009, S.25 (47).
[30] BT-Drucks. 16/6140 S. 29.

unerlässliche Voraussetzung ansehen, um die Seriosität der GmbH nicht zu gefährden.[31]

Entgegen der üblichen GmbH hat die UG keine präzise Vorgabe zum Mindeststammkapital. Aus § 5a Abs. 1 GmbHG ergibt sich aber, dass die Gesellschaft mit einem Betrag gegründet wird, der unter dem des Mindeststammkapitals gemäß § 5 Abs. 1 GmbHG liegt. Aus dem Text ist aber auch zu entnehmen, dass es ein Stammkapital geben muss, die Gesellschaft also nicht mit 0 Euro gegründet werden kann. Aus § 5 Abs. 2 S. 1 GmbHG ergibt sich ein Mindeststammkapital von 1 €, da der Nennbetrag eines jeden Geschäftsanteils auf volle Euro lauten muss. Die UG bietet somit eine Einstiegsmöglichkeit in die Kapitalgesellschaften, ohne ein Startkapital von mindestens 25.000 € aufbringen zu müssen. Allerdings ist die UG keine vollwertige GmbH, sondern hat einige Einschränkungen.[32]

So muss die UG neu gegründet werden und darf nicht durch Kapitalherabsetzung aus einer GmbH entstehen. Dies ergibt sich aus dem Wortlaut des Gesetzes. Gemäß § 5a Abs. 1 GmbHG muss eine Gesellschaft, die mit einem Stammkapital gegründet wird, das den Betrag des Mindeststammkapitals nach § 5 Abs. 1 GmbHG unterschreitet, in der Firma abweichend von § 4 GmbHG die Bezeichnung „Unternehmergesellschaft/ UG (haftungsbeschränkt)" führen. Sie muss also neu gegründet werden. Das unterstreicht den Charakter der UG, als Variante einer GmbH und nicht als eigene Rechtsform. Die GmbH bildet die übliche und angestrebte Gesellschaft.

Aus dem Wortlaut ergibt sich auch schon die nächste Einschränkung der UG. Sie muss nämlich die Bezeichnung Unternehmergesellschaft (haftungsbeschränkt) oder UG (haftungsbeschränkt) führen. Diese Vorschrift ist darauf zurück zu führen, dass unter einer völligen Aufgabe des Mindeststammkapitals die Seriosität der Rechtsform gelitten hätte und versucht wurde, die Gesellschaft in der öffentlichen Wahrnehmung nicht als übliche GmbH darzustellen.[33]

Eine Abkürzung des Wortes haftungsbeschränkt oder sonstige Varianten sind nicht zulässig, da diesem Hinweis eine deutliche Warnfunktion gegenüber dem Rechtsverkehr zukommen soll.[34] Um diese Warnfunktion zu wahren, ist es auch

---

[31] Leistikow, in: Das neue GmbH-Recht, 2009, S.25 (25).
[32] BT-Drucks. 16/6140 S. 31.
[33] BT-Drucks. 16/6140 S. 31.
[34] Miras, in: BeckOK GmbHG § 5a Rdnr. 50.

nicht zulässig, zwischen die Wörter Unternehmergesellschaft und (haftungsbeschränkt) weitere Wörter einzufügen. Dieser Firmenzusatz muss buchstabengetreu und ohne Abänderung geführt werden.[35]

Darüber hinaus gibt es eine Einschränkung bei der Gründung der UG. Gemäß § 5a Abs. 2 S. 1 GmbHG darf die Anmeldung erst erfolgen, wenn das Stammkapital in voller Höhe eingezahlt worden ist. Laut Gesetzgeber ist die teilweise Einzahlung nicht erforderlich, da das Stammkapital von 1 € bis 24.999 € frei gewählt werden kann.[36]

Gemäß § 5a Abs. 2 S.2 GmbHG sind Sacheinlagen bei der Gründung ausgeschlossen. Dabei gibt es aber eine Besonderheit. Sollte eine UG mittels Bareinlage gegründet werden und die Bareinlage steht den Gesellschaftern zur Verfügung, so wird die Gründung nicht unwirksam, wenn der UG noch vor der Eintragung ein einzelkaufmännisches Geschäft übertragen wird.[37] Daraus ergibt sich keine verdeckte Sacheinlage, wobei aber zu beachten ist, dass das Geschäft nicht als Sacheinlage zur Erbringung des Stammkapitals benutzt wird. In diesem Fall wäre die Gründung rechtswidrig und die Eintragung könnte durch das Registergericht abgelehnt werden.

Das Verbot der Sacheinlagen greift auch bei der Kapitalerhöhung, wenn dadurch nicht das Mindeststammkapital der GmbH von 25.000 € erreicht wird. Sollte das Mindeststammkapital erreicht werden, steht der Kapitalerhöhung durch Sacheinlage nichts entgegen.[38]

Die bedeutendste wirtschaftliche Einschränkung der UG ist, dass sie zur Bildung einer gesetzlichen Rücklage gemäß § 5a Abs. 3 S. 1 GmbHG verpflichtet ist. Die Rücklage beträgt ein Viertel des um einen Verlustvortrag aus dem Vorjahr geminderten Jahresüberschuss. Somit ist klar erkennbar, dass der Gesetzgeber, wie bereits angesprochen, das Ziel verfolgt, dass die UG nur eine Einstiegsmöglichkeit in die Kapitalgesellschaften darstellt. Langfristig soll die UG sich durch eine stetige Erhöhung der Rücklage in eine übliche GmbH umwandeln, wenn das Mindeststammkapital erreicht ist.

---

[35]   OLG Hamburg, 02.11.2010 – 11 W 84/10, NZG 2011, 872.

[36]   BT-Drucks. 16/6140 S. 32.

[37]   OLG Karlsruhe, 07.05.2014 – 11 Wx 24/14, NZG 2014, 622.

[38]   BGH, 19.04.2011 – II ZB 25/10, 2011, 1881.

Diese Pflicht zur Rücklagenbildung lässt der Gesetzgeber allerdings nicht enden und es gibt auch keinen Zwang zur Umwandlung in eine GmbH, wenn die Eigenkapitalausstattung das Mindeststammkapital erreicht. Allerdings wird durch die fortbestehende Pflicht zur Rücklagenbildung Druck auf die Gesellschaft ausgeübt die UG in eine GmbH zu überführen.[39] Die Rücklagen müssen aber nicht still liegen, sondern können für die in § 5a Abs. 3 S. 2 GmbHG beschriebenen Fälle verwendet werden. Gemäß § 5a Abs. 3 S. 2 Nr. 1 GmbHG können die Rücklagen, wie schon angesprochen, für die Kapitalerhöhung genutzt werden. Die genauen Voraussetzungen dafür sind in § 57c GmbHG geregelt. Gemäß § 57 Abs. 2 GmbHG muss zuvor der Jahresabschluss festgestellt worden sein und die Gesellschafter müssen über die Kapitalerhöhung Beschluss gefasst haben. Fraglich ist, ob bei der Kapitalerhöhung stets die gesamte Rücklage verwendet werden muss oder nur die Differenz und der Rest ausgezahlt wird. Der Wortlaut des § 5a Abs. 3 S. 2 Nr. 1 GmbHG ist dabei sehr eindeutig und erlaubt keine Auszahlung. Allerdings muss beachtet werden, dass die Kapitalerhöhung auch durch die Gesellschafter selbst erbracht werden könnte und im Zuge einer Umwandlung in eine GmbH die § 5a Abs. 1-4 GmbHG nicht mehr gilt und somit auch die Zweckbindung für die gesetzliche Rücklage entfällt. Somit könnte die Rücklage im Anschluss ausgeschüttet werden.

Sowohl vom wirtschaftlichen Ergebnis für die Gesellschafter als auch aus Gläubigerschutzgründen ist kein Grund ersichtlich, warum dieses Ergebnis nicht über eine einschränkende Auslegung des § 5a Abs. 3 S. 2 erreicht werden soll.[40] Es ist also auch möglich, die gesetzliche Rücklage nur bis zum Erreichen der Mindeststammkapitalgrenze zu verwenden und den Rest auszuschütten.

Darüber hinaus kann die Rücklage gemäß § 5 Abs. 3 S. 2 Nr. 2 GmbHG für den Ausgleich eines Jahresfehlbetrages verwendet werden. Allerdings nur, solange der Jahresfehlbetrag nicht durch einen Gewinnvortrag aus dem Vorjahr gedeckt ist. Das gleiche gilt gemäß Nr. 3 auch für einen Verlustvortrag aus dem Vorjahr, solange er nicht durch einen Jahresüberschuss gedeckt ist.

Eine weitere Besonderheit der UG ist, dass die Versammlung der Gesellschafter nicht wie bei der GmbH gemäß § 49 Abs. 3 GmbHG einberufen werden muss, sobald der Verlust der Hälfte des Stammkapitals eingetreten ist, sondern gemäß §

---

[39]   Miras, in: BeckOK GmbHG § 5a Rdnr. 67a.

[40]   Miras, in: BeckOK GmbHG § 5a Rdnr. 74.

5a Abs. 4 GmbHG bei drohender Zahlungsunfähigkeit. Begründet wird die Entscheidung des Gesetzgebers, nicht auch eine Gesellschafterversammlung bei Verlust der Hälfte des Stammkapitals einzuberufen damit, dass es nicht sinnvoll wäre, angesichts des teilweise auch sehr niedrigen Stammkapitals eine Gesellschafterversammlung einzuberufen.[41] Man bedenke dabei die Möglichkeit einer Ein-Euro-Gesellschaft. Dabei müsste die Versammlung bei einem Verlust von 50 ct einberufen werden, bei solch kleinen Beträgen wäre der Sinn der Norm, frühzeitig vor einer drohenden Zahlungsunfähigkeit zu warnen nicht gewahrt.

Gemäß § 49 Abs. 1 GmbHG ist es Aufgabe der Geschäftsführer die Versammlung der Gesellschaft zu berufen. Die Sanktion für ein nicht einberufen der Gesellschafterversammlung regelt § 43 Abs. 2. GmbHG. Demnach haften Geschäftsführer, welche ihre Obliegenheiten verletzen, der Gesellschaft solidarisch für den entstandenen Schaden. Es kann also passieren, dass die Geschäftsführer persönlich haften müssen. Daher macht die Regelung aus § 6 Abs. 2 S. 1 GmbHG Sinn, dass nur natürliche, unbeschränkt geschäftsfähige Personen Geschäftsführer sein können, da die Haftung sonst umgangen werden könnte, wenn es sich bei den Geschäftsführern um eine Kapitalgesellschaft handeln würde.

Der § 5a Abs. 5 GmbHG regelt, dass Abs. 1-4 keine Anwendung mehr finden, wenn das Stammkapital auf mindestens 25.000 € erhöht wurde. Die Bezeichnung Unternehmergesellschaft (haftungsbeschränkt) oder UG (haftungsbeschränkt) darf, muss aber nicht beibehalten werden. Die UG ist somit eine vollwertige GmbH.

2.3.3 Beurteilung der Novelle bezüglich des Wettkampfs der Rechtsordnungen

Zunächst einmal muss erwähnt werden, dass das MoMiG die größte Reform seit über 100 Jahren ist, obwohl in der Zwischenzeit zwei Weltkriege stattgefunden haben und es sowohl eine Teilung, als auch eine Wiedervereinigung Deutschlands gegeben hat. Dies unterstreicht die Bedeutung und die Effektivität des im Jahr 1892 verabschiedeten GmbH-Rechts.

Eine Gründungserleichterung, die offensichtlich Ziel des MoMiG war um international konkurrenzfähiger zu werden, ist dem Gesetzgeber in Form der UG zweifelsohne gelungen, auch wenn die Musterprotokolle nicht die beabsichtigte Wirkung hatten. In der Praxis sind diese unflexibel und die Kostenersparnisse sind in

---

[41] BT-Drucks. 16/6140 S. 75.

so geringem Maße, dass sie die überwiegenden Nachteile nicht ausgleichen können.

Die UG wurde in der Praxis im Gegensatz zur Literatur weitgehend positiv aufgenommen. Das ist nicht zuletzt an den steigenden Gründungszahlen erkennbar. Die anfängliche Vorsicht mit dem neuen Recht wurde mittlerweile überwunden. Mit der UG wurde eine Lücke im deutschen Gesellschaftsrecht geschlossen, die durch die Limited gerissen wurde. Insbesondere für kapitalschwache Gründer bietet die UG eine Möglichkeit, sowohl das Risiko als auch den Aufwand zu mindern und somit eine Abwanderung in das englische Recht zu verhindern. Dies scheint gelungen zu sein, da die Gründungen von deutschen Limiteds seit der GmbH-Novelle rückläufig ist.[42] Fraglich ist aber, ob es überhaupt notwendig war, ein deutsches Pendant zur Limited zu schaffen. Nach der Finanzkrise wäre die Einführung einer haftungsbeschränkten Gesellschaft ohne Stammkapital womöglich weitaus kritischer gesehen worden, was an den starken Regulierungen, die im Anschluss gerade für Banken in Kraft traten erkennbar ist. Außerdem haben die Gründungszahlen und das internationale Ansehen der GmbH keineswegs gelitten, obwohl die Gründung der Limited seit mehreren Jahren möglich war. Die UG ist für Missbräuche sehr anfällig, da sie keine wirklichen Hindernisse bei der Gründung bietet. Auch der Zwang zu gesetzlichen Rücklagen ist nicht von Bedeutung, da solche Gesellschaften ohnehin meist keinen Gewinn vorweisen können. Allerdings ist dem entgegen zu halten, dass das Gesellschaftsrecht und auch das Handelsrecht von einer sehr starken Privatautonomie geprägt sind und die Eigenverantwortung betonen. Jeder, der Rechtsgeschäfte mit einer UG abschließt, muss sich im Klaren sein, dass im Zweifel niemand persönlich haftet und auch kein Kapital vorhanden sein muss.

Aktuell ist außerdem fraglich, in wie weit die Limited nach dem Brexit in Europa als Gesellschaft weiterhin auftreten kann und wie sich der Wettbewerb der Rechtsordnungen weiterentwickeln wird. Es bleibt abzuwarten, was in den nächsten Jahren passieren wird und ob es weitere Reformen geben wird.

---

[42] Seeger, DStR 2016, 1817 (1818).

3 Englisches Recht der Limited

3.1 Rechtssystem Großbritanniens

Das Rechtssystem in Großbritannien unterscheidet sich bis heute sehr stark von dem kontinentaleuropäischen Recht. Auch wenn es durch die europarechtlichen Normen eine Annäherung der Rechtsordnungen gab, so sind die Unterschiede noch immer vorhanden.

Auch wenn das Recht in Großbritannien sich stark ähnelt, beziehen sich die folgenden Ausführungen ausschließlich auf das englische Recht, also das geltende Recht für England und Wales.

Das englische Recht wird gemeinhin als „Common Law" bezeichnet, dass so viel wie „gemeines/ gemeinsames Recht" bedeutet. Es bildet den Gegensatz zum kontinentaleuropäischen „Civil Law". Das englische Recht ist ein historisch gewachsenes Recht, es gab keine Revolution, keinen Bruch oder Neuanfang. Die Entwicklung ist vielmehr evolutionär verlaufen.[43]

Das Common Law hat seinen Ursprung im 12. Jahrhundert in der Gerichtsreform von Henry II. Im Zuge der Reform wurden die „Baron Courts" zugunsten der königlichen Gerichte zurück gedrängt. Die Reform wurde dadurch umgesetzt, dass Richter im Auftrag des Königs durch das Land zogen und Recht sprachen, welches sich allmählich gegen die bis dahin bestehenden unterschiedlichen Regeln des Gewohnheitsrechts durchsetzte. So konnte sich Mitte des 13. Jahrhunderts das Case Law/ Richterrecht erfolgreich etablieren.[44] Um ein Gerichtsverfahren einzuleiten, musste ein Kläger einen „Writ" beantragen, die Bitte um einen schriftlichen Befehl des Königs an einen Beamten. Es entwickelte sich eine feste Sammlung von Writs, die für eine bestimmte Art von Fällen galten und ein bestimmtes Verfahren einleiteten.[45]

Das Common Law unterscheidet sich vom Civil Law in der Bedeutung der einzelnen Institutionen und darin, dass das römische Recht nicht wie in vielen konti-

---

[43] Henrich/Huber, in: Einführung in das englische Privatrecht, 2003, S.11(11).

[44] Graf von Bernstorff, in: Einführung in das englische Recht, 2006, S. 1 (3).

[45] Mittelstands Anwälte, Einführung in das Englische Recht, http://mittelstands-anwaelte.de/images/rechtaz/Einfhrung_in_das_englische_Recht.pdf (Stand: 03.12.17).

nentaleuropäischen Rechtsordnungen rezipiert worden ist.[46] Ein Einfluss des römischen Rechts ist aber zweifelsohne spürbar. Eine Kodifikation, wie es sie in Kontinentaleuropa gegeben hat, fand nicht statt, da sich das Richterrecht der im Auftrag des Königs reisenden Richter durchsetzte. Somit gewann das „Case Law" seine bis heute bestehende Bedeutung.

Es kann also davon gesprochen werden, dass die Gesetzgeber im Common Law System die Richter mit ihrer Rechtsprechung sind. Ihre Urteile haben Gesetzeskraft.[47] So ist auch die Aussage zu verstehen, das englische Recht sei ein evolutionär gewachsenes Recht und nicht ein gemachtes. Mit jedem neuen Urteil wächst es weiter. Es gibt zwar auch ein Parlament, welches Gesetze verabschiedet, allerdings korrigieren diese Gesetzte nur die Entwicklung. Sie werden erlassen, wenn den Gerichten eine Fortentwicklung des Rechts nicht möglich ist.[48]

Neben dem Common Law und den parlamentarischen Gesetzten, den „Statutes", gibt es noch eine weitere Rechtsquelle in England. Diese ist nicht wie in Deutschland die Literatur, die in England eine weit weniger wichtige Rolle spielt, sondern die sogenannte „Equity". Die Equity ist eine Rechtsprechung des Königs, der durch den „chancellor" vertreten wurde. Sie bildet eine Art moralische Rechtsprechung um den starren Vorschriften des Commen Law mit seinen Writs zu entgehen und eine Entscheidung zu bekommen, die zwar nicht dem Common Law aber den moralischen Vorstellungen entsprach.[49]

Ein großer Unterschied besteht auch darin, dass es in England keine Gesetzesbücher wie bei uns beispielsweise das BGB oder das HGB gibt. Die Veröffentlichung von parlamentarischen Gesetzten erfolgt über Bände, die alle Gesetzte eines Jahres enthalten und nach Datum sortiert werden.[50]

Das Common Law erscheint für Kontinentaleuropäer durchaus befremdlich, kann aber als die weltweit wichtigste Rechtsordnung angesehen werden, da viele bedeutende Staaten, wie England, USA, Kanada und Indien diesem System folgen.

---

[46] Blumenwitz, in: Einführung in das anglo-amerikanische Recht, 2003, S. 11 (12).

[47] Henrich/Huber, in: Einführung in das englische Privatrecht, 2003, S.11(11).

[48] Henrich/Huber, in: Einführung in das englische Privatrecht, 2003, S.11(11).

[49] The Free Dictionary, Equity, https://legal-dictionary.thefreedictionary.com/equity (Stand: 03.12.17), Mittelstands Anwälte, Einführung in das Englische Recht, http://mittelstands-anwaelte.de/images/rechtaz/Einfhrung_in_das_englische_Recht.pdf (Stand: 03.12.17).

[50] Vgl. Blackstone's Statutes.

Zusammenfassend kann gesagt werden, dass es sich vom deutschen Recht am gravierendsten dadurch unterscheidet, dass Gesetze genau den umgedrehten Weg gehen. Sie werden in der Praxis von den Gerichten entwickelt und nicht wie bei uns vom Parlament und dann von den Gerichten angewandt.

3.2 Englisches Gesellschaftsrecht

3.2.1 Allgemeines zum englischen Gesellschaftsrechts

Da sowohl das US-amerikanische, das kanadische als auch das indische Recht das Englische Common Law System als Grundlage haben, nimmt das englische Gesellschaftsrecht international eine besondere Position ein. Für internationale Unternehmen ist es somit unabdingbar ,sich mit diesem zu befassen. Aufgrund der Rechtsprechung des Europäischen Gerichtshof ist es mittlerweile aber auch für ausschließlich national agierende Unternehmen nicht zu vernachlässigen.

Das Gesellschaftsrecht nimmt im englischen Recht eine gewisse Sonderstellung ein, weil die Regelungstiefe durch Gesetzte sehr weit fortgeschritten ist. Zwei zentrale Gesetzte, der Companies Act 2006 (CA06) und der Limited Liabilty Partnerships Act 2000, werden in einer konsolidierten Fassung abgedruckt und damit dem deutschen Rechtsverkehr nähergebracht.[51] Dies kann auch als ein Versuch des englischen Gesetzgebers betrachtet werden, den Wettbewerb der Rechtsordnungen für sich zu entscheiden, da viele kontinentaleuropäische Unternehmer durch das reine Common Law System abgeschreckt werden könnten.

Es gibt somit eine grundsätzliche Unterscheidung im Gesellschaftsrecht. Companies bezeichnet dabei keineswegs jegliche Gesellschaftsformen sondern lediglich die Kapitalgesellschaften. Hingegen sind die Partnerships mit den deutschen Personengesellschaften zu vergleichen. Von überragender Bedeutung ist in Europa daher der CA06, da er das so wichtige Kapitalgesellschaftsrecht regelt. Zu beachten ist aber, dass das englische Richterrecht trotz Kodifizierung unverändert bestand hat und die Entwicklung des englischen Gesellschaftsrechts unabhängig von Gesetzten beobachtet werden muss.

---

[51] Just, in: Englisches Gesellschaftsrecht, 2008, S.1 (1).

3.2.2 Die Limited

3.2.2.1 Allgemeines zur Limited und Abgrenzung

Die private Company Limited by shares, Limited genannt oder auch ltd. abgekürzt, ist die wirtschaftlich wohl bedeutendste englische Gesellschaftsform. Sie ist vergleichbar mit der deutschen GmbH oder noch eher mit ihrer Sonderform der UG, da sie für kleine und mittelständische Unternehmen konzipiert wurde und eine haftungsbeschränkte Kapitalgesellschaft darstellt. Neben der company Limited by shares gibt es auch noch die Formen der „Limited by guarantee" und die „unLimited company". Die private company Limited by guarantee ist eine Form, bei der die Gesellschafter keine Einzahlung eines Kapitals leisten müssen, aber im Falle der Insolvenz in Höhe der übernommenen Garantie persönlich haften. Sie bildet somit eine in Deutschland unübliche Gesellschaft zu der es keine vergleichbare Deutsche Form gibt. Die unlimited company, bei der die Gesellschafter unbeschränkt und persönlich haften, spielt im Wirtschaftsleben kaum eine Rolle. Ebenso ist die private company Limited by guarantee in der Praxis von geringer Bedeutung, weshalb sie im Folgenden nicht weiter berücksichtigt wird.[52]

Das größere englische Pendant zur deutschen Aktiengesellschaft bildet die public company Limited by shares. Diese Gesellschaftsform ist stärker reguliert, aber auch für deutsche Unternehmen dennoch von Interesse, wie die Fluggesellschaft Air Berlin gezeigt hat.[53]

Für die Unterscheidung zwischen der private und der public company gibt es zwei wesentliche Aspekte. Der erste große Unterschied ist, dass bei der private company gemäß section 755 CA06, die Anteile der Gesellschaft nicht öffentlich angeboten werden dürfen, „Prohibition of public offers by private company". Gemäß section 756 (3) (a) gilt als öffentliches Anbieten, wenn das Angebot für Personen verfügbar ist, die nicht das Angebot dafür erhalten haben. Somit ist eine Börsennotierung für private companies nicht möglich.

Der andere wesentliche Unterschied besteht darin, dass die public company gemäß section 761 (2) ein „share capital" haben muss, das nicht weniger als das „authorised minimum" betragen darf. Die Höhe des „authorised minimum" beträgt gemäß section 763 (1) (a) 50.000 Pfund und kann gemäß section 763 (1)

---

[52] Heinz, in: Die englische Limited, 2006, S.17 (18).

[53] Airberlin, Meine Buchungen, https://www.airberlin.com (Stand: 1.1.18).

(b) auch in Euro bezahlt werden. Somit erinnert die public company stark an die deutsche Aktiengesellschaft, da beide Rechtsformen für größere Unternehmen in Frage kommen, wofür auch eine Börsennotierung spricht und auch bei der Aktiengesellschaft gemäß § 7 AktG ein Grundkapital von mindestens 50.000 € erforderlich ist.

Aufgrund der Ähnlichkeit zur GmbH und UG und der in Deutschland weiteren Verbreitung, wird sich im Folgenden auf die private Company Limited by shares konzentriert.

3.2.2.2 Gesellschaftsgründung

Die Gesellschaftsgründung der Limited wird in Part 2 in Section 7-16 des Companies Act 2006 (CA) geregelt. Dabei sind die Vorschriften für die Gründung sehr ähnlich zur deutschen GmbH oder UG, wobei insbesondere section 7 CA dem § 1 GmbHG sehr nahe kommt. Eine Gesellschaft kann demnach unter den Voraussetzungen des „Act" von „einer oder mehr Personen" gegründet werden, wenn sie keinen „unrechtmäßigen Zweck" verfolgt. Dies entspricht dem Sinngehalt des § 1 GmbHG.

Um eine Ltd. zu gründen, muss ein Gesellschaftsvertrag, bestehend aus dem memorandum of association und den articles of association, erstellt werden. Den aricles of association kommt dabei lediglich die Regelung des Innenverhältnisses zu, wohingegen das memorandum of association das Außenverhältnis regelt, ohne aber eine echte Entscheidungsmöglichkeit zu geben.[54]

Darüber hinaus muss die Gesellschaft nach den Voraussetzung von section 9-13 CA registriert werden. Eine notarielle Beurkundung wie im GmbH-Recht ist allerdings nicht Voraussetzung, sondern das mit den Namen der Gesellschafter unterschriebene „memorandum association". Diesem memorandum kommt durch den Companies Act 2006 nur noch eine formelle Bedeutung zu, also eine Art Gründungsurkunde.[55] Darin müssen die Gesellschafter gemäß section 8 den Willen äußern, dass sie die Gesellschaft „under this act" gründen möchten, und damit einverstanden sind, dass sie ein Mitglieder der Gesellschaft werden und Geschäftsanteile übernehmen, wenn es sich um eine „Limited by shares" handelt.

---

[54] Kußmaul/Ruiner, IStR 2007, 696 (696).
[55] Heinz/Hartung, in: Die englische Limited, 2011, S.28 (29).

Die Dokumente des Anmeldungsantrags müssen die in section 9 CA aufgelisteten Informationen enthalten. Zunächst muss „the company's proposed name", also der beabsichtigte Name enthalten sein, der an die Voraussetzungen der Namensgebung von Part 5 geknüpft ist. Weiter muss angegeben werden, ob der Sitz des Registerbüros in England, Wales, Scotland oder in Nordirland ist. Ebenfalls muss der Antrag enthalten, ob es sich um eine „private" oder „public" company handelt und ob die Haftung beschränkt ist und falls es so ist, ob es sich um eine Haftungsbeschränkung „by shares" oder „by guarantee" handelt.

Im Falle einer Gesellschaft „Limited by shares" muss gemäß section 10 CA auch die Summe des Kapitals, die Art der ausgegeben Anteile mit den damit verbundenen Rechten und Pflichten, die Anzahl der Anteile, sowie die Personen die Anteile übernehmen, angegeben werden.

Es müssen außerdem „the Company's proposed officers" angegeben werden, also welche Person oder Personen gemäß section 12 „the first director or directors" werden.

Die letzte inhaltliche Voraussetzung ist eine Kopie von „any proposed articles of association" welche section 18ff definieren.

Hier besteht die Möglichkeit, entweder „model articles" (eine Mustersatzung) insgesamt, „model articles" mit bestimmten Abweichungen, oder in allen Einzelheiten spezifisch entworfene „articles" zu verwenden.[56]

Der Anmeldung ist außerdem gemäß section 13 noch ein „statement of compliance" also eine Versicherung, dass die Gesellschaft nach dem geltenden Recht gegründet wurde, beizufügen.

3.2.2.3 Organe

Die Limited ist, genau wie die GmbH, eine juristische Person. Dabei gibt es drei verschiedene Organe oder Positionen die an der Gesellschaft beteiligt sind. Diese sind directors, shareholder und der company secretary.[57]

---

[56]   Heinz/Hartung, in: Die englische Limited, 2011, S.28 (29).

[57]   Portal zur UG & Ltd., Organe und Personen der Limited Gesellschaft, https://www.ug-ltd.de/limited/struktur.html (Stand: 07.12.17).

Die Führung der Gesellschaft wird dabei von den directors wahrgenommen.[58] Die directors können Mitglieder der Gesellschaft sein, müssen dies aber wie im GmbH-Recht nicht.[59]

Die Vorschriften für die directors sind in Part 10 CA 2006 geregelt. Mit dem Companies Act 2006 wurden die Pflichten der directors, welche zuvor durch das Richterrecht geregelt waren, erstmals kodifiziert. Außerdem muss seit dem 1. Oktober 2008 mindestens ein director eine natürliche Person sein, die älter als 16 Jahre ist. Die Adresse des directors muss durch den Companies Act nicht mehr die Privatadresse sein, sondern kann auch eine „service adress", eine Zustelladresse sein.[60]

Wie im GmbH-Recht braucht jede Limited gemäß section 154 (1) CA 2006 mindestens einen director. Dieser vertritt wie der Geschäftsführer die Gesellschaft. Section 40 (1) CA 2006 schreibt zu Gunsten von Personen, die mit der Gesellschaft Geschäfte machen vor, dass „the power oft the directors to bind the company, or authorise others to do so, is deemed to be free of any limitation under the company's consitution". Diese Regelung entspricht auch den deutschen Vorstellungen eines Geschäftsführers, da gemäß § 37 Abs. 2 S.1 GmbHG eine Beschränkung der Befugnis des Geschäftsführers Dritten gegenüber unwirksam ist.

Die nächste Gruppe von Personen sind die shareholder. Dabei werden die Begriffe shareholder und member meist synonym verwendet. Die Gründungsmitglieder, die das memorandum unterschreiben, werden als subscriber bezeichnet.[61]

Tätig werden die Mitglieder bei ihren Aufgaben im Rahmen der „general meetings", diese sind mit den deutschen Gesellschafterversammlungen vergleichbar. Die Gesellschafterversammlungen werden gemäß section 302 CA 2006 von den directors einberufen. Um ihre Rechte wahrzunehmen, können die Mitglieder eine Gesellschafterversammlung gemäß section 303 (2), (3) CA 2006 verlangen, wenn sie mindestens 10% des eingezahlten Kapitals wiederspiegeln oder 5%, wenn die letzte Gesellschafterversammlung mehr als zwölf Monate zurück liegt. Eine jährliche Gesellschafterversammlung wie in section 366 Companies Act 1985 ist nicht mehr verpflichtend. Für public companies gilt diese Pflicht gemäß section 336 CA

---

[58] Heinz/Hartung, in: Die englische Limited, 2011, S.52 (52).
[59] Just, in: Die englische Limited in der Praxis, 2012, S.28 (28).
[60] Just, in: Englisches Gesellschaftsrecht, 2008, S.5 (8).
[61] Just, in: Die englische Limited in der Praxis, 2012, S.28 (28).

2006 weiterhin. Die Rechte und Pflichten der Mitglieder werden in den articles of association festgelegt. Das wohl wichtigste Recht ist das Stimmrecht auf der Gesellschafterversammlung durch eigene Teilnahme oder durch einen Vertreter (proxy).[62]

Der Gesellschafterversammlung steht es neben dem Beschluss der directors zu, neue directors zu ernennen.[63] Dadurch können die Mitglieder indirekt Einfluss auf die Entscheidungen der directors nehmen. Darüber hinaus haben sie gemäß section 168 CA 2006 das Recht, directors zu entlassen und können somit einen gewissen Druck auf diese ausüben.

Für viele Mitglieder wird das Gewinnbezugsrecht allerdings noch wichtiger sein. Eine Einschränkung in den model articles besteht aber darin, dass Mitglieder den Auszahlungsvorschlag von den directors unterbreitet bekommen müssen und dies nicht selbstständig verlangen können.[64]

Die Rechte eines „members" der Limited sind im allgemeinen mit denen eines Gesellschafters einer GmbH vergleichbar. Für beide gelten im Vergleich zu Personengesellschaftern weniger Einflussnahmerechte, was auch den Charakter einer Kapitalgesellschaft, die auf Gewinnmaximierung abzielt, wiederspiegelt.

Für die dritte Position in der Limited, den company secretary, gibt es im deutschen Recht keine vergleichbare Position. Dieser ist seit dem Companies Act 2006 für private companies allerdings nicht mehr obligatorisch zu ernennen. Die Aufgaben des secretary sind Verwaltungsaufgaben, die aber auch von anderen Personen übernommen werden können.[65] Da diese Position für die meisten Limiteds nicht mehr von belangen ist und auch für den Vergleich zur GmbH nicht relevant ist, muss darauf nicht weiter eingegangen werden.

---

[62]   Just, in: Die englische Limited in der Praxis, 2012, S.33 (33).
[63]   Heinz/Hartung, in: Die englische Limited, 2011, S.52 (54).
[64]   Just, in: Die englische Limited in der Praxis, 2012, S.33 (33).
[65]   Just, in: Englisches Gesellschaftsrecht, 2008, S.5 (9).

4 Europarechtlicher Hintergrund

4.1 Allgemeines

Das ursprüngliche Ziel der Europäischen Union war es, nach den zwei Weltkriegen den Frieden in Europa durch Integration sicherzustellen, indem eine europäische Gemeinschaft geschaffen wird. Dieses Ziel wird zwar nie endgültig erreicht sein, allerdings ist ein Krieg zwischen Deutschland und Frankreich oder Spanien und England mittlerweile schwer denkbar.

So hat sich das Ziel der EU über Friedenssicherung hinaus weiterentwickelt, um einen gemeinsamen Europäischen Binnenmarkt zu schaffen und so die Wohlfahrt allgemein zu steigern.

So wird in Art. 3 Abs. 2 EUV festgehalten, dass die EU ihren Mitgliedern einen Raum ohne Binnengrenzen bietet und gemäß Art 3 Abs. 4 EUV eine Wirtschafts- und Währungsunion errichtet.

Gemäß Art. 26 Abs. 1 AEUV erlässt die Union die erforderlichen Maßnahmen, um den Binnenmarkt zu verwirklichen und dessen Funktion zu gewährleisten.

Eine Grundvoraussetzung dabei ist, dass die einzelnen Mitgliedstaaten die Rechtsordnungen und Vorschriften anderer Mitgliedsstaaten, die für Berufe, Waren oder Personen gelten anerkennen müssen und die Zusammenarbeit zwischen den Staaten und Angleichung der Rechtsordnungen durch positive Maßnahmen fördern müssen. Dies ist Teil des Binnenmarktziels aus Art. 26 AEUV.[66]

Zwei der bedeutendsten Maßnahmen, um den Binnenmarkt zu verwirklichen, sind die Freizügigkeit und die Niederlassungsfreiheit, die auf dem Grundsatz des freien Personenverkehrs innerhalb der EU basieren.[67]

Das Recht der Freizügigkeit ist in Art. 45 bis 48 AEUV sowie in Art. 45 Abs. 1 GRC festgehalten. Die Freizügigkeit bewirkt, dass sowohl Arbeitnehmer zur Ausübung ihrer Erwerbstätigkeit, als auch alle anderen Bürger der EU sich im Hoheitsgebiet der Mitgliedsstaaten frei bewegen und aufhalten können.

---

[66] Voet van Vormizeele, in: Groeben/Schwarze/Hatje, Vertrag über die Arbeitsweise der Europäischen Union, Art. 26 Rdnr. 21-27.

[67] Frischhut/Ranacher, in: Einführung in das EU-Recht, 2015, S. 95 (99).

Noch entscheidender für das Gesellschaftsrecht ist allerdings die Niederlassungsfreiheit gemäß den Art. 49 bis 55 AEUV. Gemäß Art. 49 S. 1 AEUV sind Beschränkungen der freien Niederlassung von Staatsangehörigen eines Mitgliedstaates im Hoheitsgebiet eines Anderen verboten. Art. 54 Abs. 1 AEUV weitet die Niederlassungsfreiheit insoweit aus, dass sie auch für Gesellschaften eines europäischen Mitgliedstaates gilt.

Die damit verbundenen Voraussetzungen sind, dass die Gesellschaft nach den Rechtsvorschriften eines Mitgliedstaates gegründet worden ist und sie eine Präsenz in der Europäischen Union hat. Unterschieden werden muss dabei zwischen einem reinen Satzungssitz und einem tatsächlichen Verwaltungssitz. Die h.M. geht davon aus, dass ein reiner Satzungssitz nicht ausreichend ist, da es sonst zu Briefkastenfirmen kommen kann. Viel mehr gilt, dass auch für Staaten die der Gründungstheorie anhängen eine tatsächliche Tätigkeit innerhalb der EU vorausgesetzt wird.[68]

Um die sich entwickelnde Rechtsprechung des EuGH verstehen zu können muss abschließend noch geklärt werden, wie im Falle von Rechtskollisionen zwischen nationalem und europäischen Recht vorgegangen wird. Dabei gilt der Grundsatz, dass das supranationale europäische Recht Vorrang vor dem nationalen Recht hat. Es hebt das nationale Recht zwar nicht auf, es gilt aber als unanwendbar, wie der EuGH in ständiger Rechtsprechung immer wieder entschieden hat.[69]

Ob es Kollisionen zwischen dem nationalen und dem europäischen Recht gibt, wird dabei von Amts wegen geprüft.[70]

---

[68] Tiedje, in: Groeben/Schwarze/Hatje, Vertrag über die Arbeitsweise der Europäischen Union, Art. 54 Rdnr. 29-31.

[69] Oppermann/Classen/Nettesheim, in Europarecht, 2016, S. 146 (149).

[70] Frischhut/Ranacher, in: Einführung in das EU-Recht, 2015, S. 55 (79).

4.2 Entwicklung der EuGH-Rechtsprechung

4.2.1 Segers 1984

Der Europäische Gerichtshof hat bei seinen Entscheidungen zu den Gesellschaften und deren Satzungs- und Verwaltungssitz eine gravierende Entwicklung durchlaufen, bei der es dazu geführt hat, dass in einem Mitgliedsstaat eine Gesellschaft aus einem anderen Mitgliedstaat gegründet werden kann. Vielfach wird dabei auf die unter B.III.2.e) beschriebene Sitztheorie und Gründungstheorie eingegangen.

Die erste richtungsweisende Entscheidung des EuGH zur Niederlassungsfreiheit ist dabei das Urteil zu der Rechtssache „Segers". Dabei hatte der Niederländer Segers, der Gesellschafter einer englischen Limited company und Geschäftsführer der Zweigniederlassung in den Niederlanden war, geklagt, dass ihm die Krankenversicherungsleistungen nicht aus dem Grund verweigert werden dürfen, weil es sich nicht um eine Gesellschaft mit beschränkter Haftung nach Niederländischen Recht, sondern nach englischen Recht handelt.[71]

Der EuGH entschied dabei auf Grundlager der Artikel 49 bis 54 AEUV, dass eine Zweigniederlassung eines Mitgliedstaates der EWG nicht schlechter behandelt werden dürfe als die Hauptniederlassung einer inländischen Gesellschaft. Dies gelte auch für den Fall, dass die Geschäftsaktivitäten ausschließlich über die Zweigniederlassung getätigt werden.[72]

4.2.2 Daily Mail

Das nächste Urteil zu „Daily Mail" wurde viel diskutiert und wurde in Deutschland teilweise als Bestätigung der Sitztheorie aufgefasst, obwohl dies nicht die Grundlage der Entscheidung darstellte.[73] Dabei ging es um die britischen Voraussetzungen der Limited company, dass die Gesellschaft für eine Verlegung des Verwaltungssitzes in das Ausland eine Genehmigung der Steuerbehörde braucht. Diese Voraussetzung steht gemäß dem Urteil des EuGH nicht der Niederlassungsfreiheit entgegen.

---

[71] EuGH, 10.07.1986 – 79/85, juris.
[72] EuGH, 10.07.1986 – 79/85, juris.
[73] Tiedje, in: Groeben/Schwarze/Hatje, Vertrag über die Arbeitsweise der Europäischen Union, Art. 54 Rdnr. 52.

Somit gewähren die Art. 52 und 58 EWGV den Gesellschaften nationalen Rechts kein Recht, den Sitz ihrer Geschäftsleitung unter Bewahrung ihrer Eigenschaft als Gesellschaften des Mitgliedstaats ihrer Gründung in einen anderen Mitgliedstaat zu verlegen.[74]

Das Urteil ist insoweit zu verstehen, dass der EuGH nicht aus den Gründen zögerte der Gesellschaft Recht zu geben, weil er die nationalen gesellschaftsrechtlichen Vorschriften über die Niederlassungsfreiheit stellte. Viel mehr maß der EuGH eine für den Binnenmarkt einheitliche Lösung höhere Bedeutung bei, weil eine andere Entscheidung dazu geführt hätte, dass eine Sitzverlegung zwischen zwei Ländern, die die Gründungstheorie vertreten möglich wäre, mit einem Land, dass die Sitztheorie vertritt hingegen nicht.[75]

4.2.3 Centros

Das Urteil „Centros" kann als die gravierendste Entscheidung bezüglich der Niederlassungsfreiheit betrachtet werden. Dabei hatte das dänische Ehepaar Bryde eine private Limited company mit Sitz bei der Adresse eines Freundes im Vereinigten Königreich gegründet. Im gleichen Sommer beantragte die Gesellschaft die Errichtung einer Zweigniederlassung in Dänemark, ohne vorher jemals eine Geschäftstätigkeit ausgeübt zu haben. Die Geschäftstätigkeit sollte ausschließlich in Dänemark und über die Zweigniederlassung erfolgen. Es war bekannt, dass die Gründung der Limited ausschließlich den Zweck verfolgte, das strengere dänische Gesellschaftsrecht zu umgehen, wozu auch die Einzahlung eines Stammkapitals in Höhe von mindestens 200.000 DKR gehört hätte.[76]

Der EuGH entschied, dass selbst ein bewusstes umgehen der nationalen Vorschriften zur Gründung von Gesellschaften die Ausübung der Niederlassungsfreiheit nicht einschränkt, da die Artikel zur Niederlassungsfreiheit Artikel über die Ausübung bestimmter beruflicher Tätigkeiten sind.[77]

Dänemark musste also die Gründung der Zweigniederlassung gestatten. Dies eröffnete gerade für kleine und mittlere Unternehmen ein großes Mobilitätspoten-

---

[74] EuGH, 27.09.1988 – Rs 81/87, NJW 1989, 2186 (2188).

[75] Tiedje, in: Groeben/Schwarze/Hatje, Vertrag über die Arbeitsweise der Europäischen Union, Art. 54 Rdnr. 53.

[76] EuGH, 09.03.1999 – 212/97, Europarecht in Fällen, Rn. 1-15.

[77] EuGH, 09.03.1999 – 212/97, Europarecht in Fällen, Rn. 26.

tial. Mitgliedstaaten gerieten in der Folge in einen Wettbewerb, attraktive Gesellschaftsformen anzubieten, worauf Deutschland mit dem MoMiG 2008 reagierte.[78]

4.2.4 Urteile im Anschluss an Centros

Die folgenden Urteile des EuGH bestätigten den schon eingeschlagenen Weg. Im Urteil „Überseering" kam der EuGH auf Anrufung des BGH zu dem Schluss, dass ein Mitgliedstaat der EU anzuerkennen hat, dass ein anderer Mitgliedsstaat Gesellschaften nach der Gründungstheorie im Ausland tätig werden lässt.[79] Der BGH korrigierte seine Rechtsprechung dahingehend, dass zugunsten von EU-Auslandsgesellschaften nunmehr die Gründungstheorie gelte. Infolgedessen gilt in Deutschland ein gespaltenes Kollisionsrecht für Gesellschaften, je nach deren Provenienz entweder aus der EU oder aus Drittstaaten.[80]

Weiter wurden im Urteil „Inspire Art" die nationalen Vorschriften verboten, wonach eine ausländische Gesellschaft in den Niederlanden zusätzliche Offenlegungspflichten hatte und die Angabe im Handelsregister, dass es sich um eine formal ausländische Gesellschaft handelt.[81]

Über die Jahre hinweg ist eindeutig die Tendenz zu erkennen, dass der EuGH der Niederlassungsfreiheit und dem Europäischen Binnenmarkt immer größere Bedeutung beigemessen hat. Das Votum Großbritanniens für den Brexit, also den Austritt aus der Europäischen Union steht diesem Kurs von wachsender Integration entgegen und hat weitreichende Probleme verursacht, zu denen verschiedene mögliche Lösungen bestehen, die je nach Unternehmen unterschiedlich attraktiv sind.

4.2.5 Urteile zum Formwechsel

Die beiden wichtigsten EuGH Urteile dies betreffend sind die Urteile in den Rechtsfragen „Cartesio" und „VALE".

In „Cartesio" wurde die Frage aufgeworfen, in wie weit nationale Vorschriften den Wegzug von Gesellschaften beschränken können. Dabei wurde klargestellt, dass

---

[78] Tiedje, in: Groeben/Schwarze/Hatje, Vertrag über die Arbeitsweise der Europäischen Union, Art. 54 Rdnr. 56.

[79] Tiedje, in: Groeben/Schwarze/Hatje, Vertrag über die Arbeitsweise der Europäischen Union, Art. 54 Rdnr. 60.

[80] Schall, ZfPW 2016, 407 (410).

[81] EuGH, 30.09.2003 - 167/01, Europarecht in Fällen.

nur die Gründungsstaaten ihren Gesellschaften den Wegzug verbieten können, die Aufnahmestaaten allerdings keine Zuzugsbarrieren aufstellen dürfen. Der EuGH wollte den Staaten womöglich nicht zumuten, dass sie den Wegzug ihrer Gesellschaften bei Beibehaltung ihrer Form gestatten müssen, auch wenn sie dies nicht wollen. Eine Einschränkung des Wegzugsverbots besteht dabei aber, dass ein grenzüberschreitender Formwechsel möglich ist, wenn nur das Recht des Aufnahmestaates einen Formwechsel vorsieht.[82]

Im folgenden Urteile „VALE" wurde präzisiert, dass eine Gesellschaft nur einen Anspruch auf Formwechsel hat, wenn sie im Zielstaat auch wirklich wirtschaftlich tätig wird.[83] Ein ständiger Rechtsformwechsel nach jeder Reform wurde somit ausgeschlossen.

Im Urteil „VALE" wurde auch klargestellt, dass es ein Verstoß gegen die Niederlassungsfreiheit darstelle, wenn die Regelungen des Zuzugsstaates für grenzüberschreitende Sachverhalte ungünstiger seien als die für gleichartige innerstaatliche Sachverhalte. Die Umwandlung von EU-Auslandsgesellschaften in Inlandsgesellschaften hat somit die gleichen Voraussetzungen wie inländische Umwandlungen.[84]

---

[82] Schall, ZfPW 2016, 407 (415).
[83] EuGH, 12.07.2012 C-378/10, juris, Rdnr. 34.
[84] Seeger, DStR 2016, 1817 (1822).

5 Limited nach dem Brexit

5.1 Probleme nach dem Brexit

Das Problem, das viele europäische Unternehmen nun haben, ist die Ungewissheit, was in Folge des Brexit mit ihren Limiteds und damit mit ihrer Lebensgrundlage geschieht. Zum jetzigen Stand sind die Austrittsverhandlungen noch zu keinen Absprachen gekommen, wie es mit der Niederlassungsfreiheit und der Freizügigkeit zwischen der EU und Großbritannien weiter geht. Sollte es dabei zu keinen Regelungen kommen, wird der Limited in Europa ihre Daseinsberechtigung entzogen, da sich die Rechtsprechung des EuGH und die Artikel 49 bis 55 AEUV, welche die Niederlassungsfreiheit regeln, ausschließlich auf die Gesellschaften eines Mitgliedstaates beziehen.

Durch den Brexit wird Großbritannien von einem Mitgliedsstaat zu einem Drittstaat, bei denen Deutschland an der Sitztheorie festhält. Die Limited würde in Deutschland somit nicht als solche, sondern als Personengesellschaft oder Einzelkaufmann deutschen Rechts behandelt werden, da sie in den Augen der Sitztheorie als deutscher Rechtsträger zu behandeln ist.[85] Infolgedessen gilt für die Gesellschafter die persönliche Haftung, die mit der Gründung einer Kapitalgesellschaft gerade umgangen werden sollte. Eine kongruente Haftungsbeschränkung nach deutschem Recht, wie bei der UG, GmbH oder AG, kommt dabei nicht in Frage, da die Voraussetzungen des deutschen Kapitalgesellschaftsrechts, insbesondere die Einzahlung eines Stammkapitals, nicht erfüllt werden.

Es könnte dem entgegen gehalten werden, dass die Gesellschaften einen Bestandsschutz oder dergleichen haben, der sich aus dem Rechtstaatsprinzip ableitet um das Vertrauen in die Rechtsordnung zu gewährleisten. Allerdings haben sich die Gesellschafter gerade nicht einer vom deutschen Recht bereitgestellten Gestaltung bedient, weshalb auf diese auch nicht die Vertrauensmaßstäbe angelegt werden können.[86]

---

[85] Schall, ZfPW 2016, 407 (409).
[86] Teichmann/Knaier, IWRZ 2016, 243 (245).

5.2 Lösungsmöglichkeiten

5.2.1 Absprachen in Brexitverhandlungen

Die offensichtlichste Lösungsmöglichkeit, die hier aber nichtsdestotrotz erwähnt werden soll, ist die der Absprachen in den Austrittsverhandlungen. Dies wäre ein „weicher" Austritt. Dabei ist diese Lösung für Unternehmen womöglich die wünschenswerteste, da sie keine Umwandlung in eine andere Gesellschaft erfordert und kein zusätzlicher Aufwand mit dem Fortbestehen verbunden ist.

Auch wenn die Brexit Verhandlungen zuletzt wieder positive Meldungen hervorbrachten und die zweite Phase der Verhandlungen begonnen hat, ist das Ergebnis noch immer offen.[87] In wie weit bis Herbst 2018 dabei schon ein komplexer Vertrag mit den zahlreichen Details, wie dem Fortbestand von Gesellschaftsrechtlichen Normen und Regelungen der wirtschaftlichen Beziehungen ausgestaltet ist bleibt abzuwarten. Gemeinhin ist dies durchaus wünschenswert, aber eher fraglich.

Die Zukunft der Limited in Deutschland wäre auch durch einen Beitritt Großbritanniens zum EWR gesichert, da der BGH auch für EWR-Staaten die Gründungstheorie vertritt. Allerdings ist auch das nicht sehr wahrscheinlich, weil der Beitritt das Wählervotum konterkarieren würde. Die Briten müssten dann nämlich gerade die nicht gewünschte Arbeitnehmerfreizügigkeit akzeptieren.[88]

Die Gründungstheorie kommt auch dann zum Zuge, wenn die Austrittsverhandlungen mit einem völkerrechtlichen Handelsabkommen, ähnlich dem zwischen den USA und Deutschland, abschließen würden. In diesen Fällen entschied der BGH ebenfalls zu Gunsten der ausländischen Gesellschaften im Sinne der Gründungstheorie.[89]

Bei diesen Möglichkeiten müssten Unternehmer aber abwarten und das nächste Jahr in Ungewissheit leben. Eine mögliche Umwandlung bis zum endgültigen Austritt müsste dann kurzfristig und ohne Vorbereitungszeit erfolgen, wodurch diese

---

[87] Frankfurter Allgemeine Zeitung, EU startet zweite Phase der Brexit-Verhandlungen, http://www.faz.net/aktuell/brexit/eu-startet-zweite-phase-der-brexit-verhandlungen-15342347.html (Stand: 23.12.2017).

[88] Weller/Thomale/Benz, NJW 2016, 2378 (2379).

[89] BGH, 13.10.2004, I ZR 245/01 – ZIP 2004, 2230 – 2232.

Möglichkeit enorm an Attraktivität verliert, sollte es dafür in naher Zukunft keine Gewissheit geben.

5.2.2 Anerkennung der Limited in Deutschland

Eine weitere Möglichkeit des Gesetzgebers oder der Rechtsprechung wäre unter Bestandsschutzerwägungen die europäische Gründungstheorie auf die vor dem 23.06.2016 gegründeten inländischen Limiteds aufgrund der EU-Mitgliedschaft für weiterhin anwendbar zu erklären.[90]Auch wenn dies durchaus wünschenswert wäre, so ist diese Möglichkeit doch nicht sehr wahrscheinlich. Da die Regierungsgespräche nach der Bundestagswahl im September noch immer andauern und auch die Möglichkeit von Neuwahlen im Raum steht, ist eine baldige Lösung durch den Gesetzgeber eher nicht zu erwarten.

Auch scheint eine Meinungsänderung der Rechtsprechung hin zu einer Stärkung der Gründungstheorie als unwahrscheinlich. So wurde in der jüngeren Vergangenheit stets auf die schon bestehenden Urteile zur Geltung der Gründungstheorie innerhalb der EU und der Sitztheorie in Drittstaaten verwiesen.[91]

Es ist zwar keineswegs aussichtslos, auf eine Anerkennung der Limited in Deutschland zu hoffen, doch kann dies größtenteils nicht beeinflusst werden und aus unternehmerischer Sicht erscheint es nicht sinnvoll, allein darauf zu hoffen.

5.2.3 Statutenwechsel

5.2.3.1 Verschmelzung oder identitätswahrender Statutenwechsel

Die wohl wahrscheinlichste Möglichkeit die Unternehmer verfolgen werden ist der Statutenwechsel. Dieser stellt zugleich auch das komplexeste Konstrukt dar, weil zwischen verschiedenen Arten des Wechsels unterschieden werden muss. Die Unterscheidung erfolgt dabei zum einen nach der Art der Umwandlung, also einer Verschmelzung oder einem Formwechseln und zum anderen nach der beabsichtigten Zielform.

Bei der Verschmelzung zweier Gesellschaften kommt es dabei gemäß § 2 Nr. 1 UmwG durch Übertragung des Vermögens eines Rechtsträgers auf einen anderen bestehenden Rechtsträger gegen Gewährung von Anteilen zur Auflösung des

---

[90] Nazari-Khanachayi, WM 2017,2370 (2371).

[91] BGH, 08.09.2016 – III ZR 7/15 - juris; OLG Düsseldorf 17.12.15 I-2 U 25/10-, juris.

übertragenden Rechtsträgers. Die Limited wird also dabei aufgelöst. Dafür muss die übernehmende Gesellschaft schon bestehen, was zu Problemen führen kann. So kann es zu der Problematik kommen, dass die Gesellschaft zu spät gegründet wird und daher als Vorgesellschaft auftritt, bei welcher die Haftung im Falle einer GmbH gemäß § 11 GmbHG nicht beschränkt ist.

Die Limited ist gemäß §§ 122a Abs. 1, 122b Abs.1 UmwG für eine Verschmelzung berechtigt, so lange der Austritt noch nicht vollzogen wurde. Die Verschmelzung ist somit noch bis zum 29. März 2019 23.00 Uhr englischer Zeit möglich. Es ist also auch noch genug Zeit, eine deutsche Zielgesellschaft zu gründen. [92]

Die Nachteile einer Verschmelzung sind allerdings die hohen stärker belastenden Anforderungen nach dem Verschmelzungsregime im Vergleich zu einem identitätswahrenden Formwechsel.[93] Daher sollte der Formwechsel die präferierte Form sein.

5.2.3.2 Identitätswahrender Statutenwechsel

5.2.3.2.1 Statutenwechsel zur GmbH

Bei einem Formwechsel in eine deutsche Kapitalgesellschaft ist die naheliegendste Zielform, aufgrund ihrer Ähnlichkeit zur Limited, die GmbH.

Der Identitätswahrende Formwechsel ist für die Zeit bis zum endgültigen Austritt Großbritanniens noch möglich und dabei an die unter D.II.5 beschriebenen Urteile des EuGH gebunden.

Somit ist die erste Anforderung für den Formwechsel, die zumindest teilweise wirtschaftliche Tätigkeit im Zielstaat. Für die meisten Limiteds sollte dies kein Hindernis darstellen, da sich die gesamte Problematik, eine andere Rechtsform zu haben, als die im Staat des Verwaltungssitzes beheimatete nur für solche stellt.

England darf durch das EuGH Urteil Cartesio den Herausformwechsel auch nicht beschränken, da es der Niederlassungsfreiheit widersprechen würde. Deutschland hingegen darf durch das „VALE" Urteil die zuziehende Gesellschaft bei dem Formwechsel nicht schlechter als inländische behandeln, wodurch der Form-

---

[92] Stern, Am 29.03.2019 um Mitternacht verlässt Großbritannien die EU, https://www.stern.de/politik/ausland/brexit--am-29-03-2019-um-mitternacht-verlaesst-grossbritannien-die-eu-7693864.html (Stand: 23.12.2017).
[93] Schall, ZfPW 2016, 407 (439).

wechsel allein vor den Herausforderungen des deutschen Umwandlungs- und Gesellschaftsrechts steht.

Dieser richtet sich nach den rechtsformspezifischen Vorschriften in §§ 191 bis 213 UmwG und §§ 238 ff UmwG. Die aus § 197 Abs. 1 UmwG folgende Anwendbarkeit der Gründungsvorschriften des GmbHG bedeutet aber nicht, dass die Gesellschafter im Zuge des Formwechsels das Mindestkapital des § 5 Abs. 1 GmbHG in bar aufbringen müssten.[94]

Viel mehr kann die schon bestehende Limited als Vermögensgegenstand eingebracht werden und lediglich die Differenz zum Mindeststammkapital von 25.000€ muss in bar erbracht werden. Zu beachten ist dabei aber, dass gemäß § 5 Abs. 4 S. 2 GmbHG ein Sachgründungsbericht erstellt werden muss, der auch die Jahresergebnisse der beiden letzten Geschäftsjahre umfasst.

Einziges Hindernis beim Rechtsformwechsel zur GmbH besteht in der Ungewissheit wie der „Abschied" aus der englischen Rechtsordnung im Einzelnen praktisch vonstattengehen soll, da das englische Recht nur eine formändernde Umwandlung für inländische Rechtsträger kennt.[95]

Dies ändert allerdings nichts daran, dass der Formwechsel rechtlich zweifelsohne möglich ist und im Falle eines Hindernisses auf englischer Seite der Rechtsweg zum EuGH noch immer offen steht.

5.2.3.2.2 Statutenwechsel zur UG

Der Rechtsformwechsel zu einer UG erscheint vor dem Hintergrund, dass die deutschen Limiteds vielfach unter dem Aspekt gegründet worden sind, das Stammkapital der GmbH zu umgehen als besonders wünschenswert. Fraglich ist aber, ob ein solcher Rechtsformwechsel überhaupt möglich ist. Dabei stellt sich die erste mögliche Problematik damit, dass ein Wechsel von einer „höherwertigen" Gesellschaft wie der AG oder GmbH in die UG nicht möglich ist. Allerdings stellt dies kein Hindernis dar, da die Limited nicht als eine solche gesehen werden kann, auch wenn sie oft mit der GmbH verglichen wird.[96]

---

[94] Seeger, DStR 2016, 1817 (1823).

[95] Zwirlein/Großerichter/Gätsch, NZG 2017, 1041 (1044).

[96] Schall, ZfPW 2016, 407 (439).

Allerdings steht der Rechtsformwechsel weiterhin gemäß § 197 S.1 UmwG vor den Herausforderungen des § 5a GmbHG. Bei der Gründung einer UG hat der Gesetzgeber die Sacheinlagen gemäß § 5a Abs. 2 S. 2 GmbHG ausgeschlossen, da er es aufgrund des nahezu beliebig festzusetzenden Stammkapitals für nicht notwendig erachtete. Die Limited ist gemäß § 5 Abs. 4 S. 2 GmbHG als eine solche Sacheinlage zu bewerten.

Die Umwandlung in eine UG scheitert somit paradoxerweise an eben jenen Voraussetzungen des GmbHG, mit welchen im Wettbewerb der Rechtsordnungen der Limited Konkurrenz gemacht werden sollte.

5.2.3.2.3 Statutenwechsel zu irischer/ schottischer Limited

Eine weitere Möglichkeit besteht im Formwechsel zu dem irischen oder schottischen Äquivalent der englischen Limited. Der Weg in eine schottische Limited besteht dabei nur, wenn Schottland in der EU verbleibt und sich von Großbritannien abtrennt, was aber als unwahrscheinlich angesehen werden kann.

Hingegen erscheint der Weg in eine irische Limited durchaus denkbar. Irland folgt wie Großbritannien der Gründungstheorie, wodurch irische Briefkastengesellschaften nach nationalem Recht zulässig sind und auch nach dem Brexit noch im EU-Ausland tätig werden können. Problematisch ist aber, dass das irische Recht keine ausdrücklichen Vorschriften für einen grenzüberschreitenden Formwechsel enthält.[97]

Da diese Vorschriften nicht vorhanden sind, könnte man gemäß den Urteilen des EuGH die äquivalente Anwendung der nationalen Vorschriften für das EU-Ausland vermuten. Allerdings stellte der EuGH im Urteil „VALE" klar, dass die Niederlassung in so weit eingeschränkt werden kann, dass der grenzüberschreitende Rechtsformwechsel die wirtschaftliche Tätigkeit im Zielstaat voraussetzt.[98]

Ein Rechtsformwechsel nach Irland wäre also auch an eine mindestens teilweise Geschäftstätigkeit in Irland geknüpft. Somit ist dies womöglich nur für überregionale und große Limiteds wie die Drogeriekette Müller und Air Berlin ein denkbarer Weg. Eine grenzüberschreitende Verschmelzung hingegen ist durch die Richt-

---

[97] Schall, ZfPW 2016, 407 (446).
[98] EuGH, 12.07.2012 C-378/10, juris, Rdnr. 34.

linie 2005/56/EG weitgehend geregelt und wäre eine sichere Möglichkeit für eine Geschäftstätigkeit in Deutschland als irische Limited.[99]

5.2.4 Liquidation (mit anschließender Neugründung)

Die letzte Möglichkeit ist die der Liquidation und damit die Aufgabe der Geschäftstätigkeit. Diese Möglichkeit wird aber wohl in den meisten Fällen keine wirkliche Alternative darstellen, wenn die Gesellschaft profitabel agiert. Eine Liquidation könnte in Frage kommen, wenn die Zukunft der Gesellschaft ohnehin ungewiss ist und die Gesellschafter zu dem Schluss kommen, dass eine Investition für einen Rechtsformwechsel oder eine Neugründung sich nicht lohnen wird.

Anders sieht es bei der Liquidation und der anschließenden Neugründung einer Gesellschaft im beabsichtigten Zielstaat aus. Bei dieser Möglichkeit wird zunächst eine neue Gesellschaft im Zielstaat gegründet. Von der gesellschaftsrechtlichen Verschmelzung i.S.d. § 2 Nr. 1 UmwG unterscheidet sich aber der Zeitpunkt der Liquidation der „alten" Gesellschaft. Während bei der Verschmelzung die Löschung zum Zeitpunkt der Verschmelzung erfolgt, kann bei dieser Möglichkeit die Gesellschaft schon vorher liquidiert und gelöscht werden. Das Gesellschaftsvermögen wird dabei aus der bestehenden Limited als Privatperson entnommen und nicht direkt auf die bestehende Gesellschaft übertragen. Mit diesem Gesellschaftsvermögen wird anschließend eine neue Gesellschaft gegründet oder das Vermögen in die schon gegründete Gesellschaft durch Kapitalerhöhung eingebracht.

Dieser Weg ist zwar relativ klar und strukturiert, steht aber auch vor verschiedenen Problemen. Zum einen kann die Entnahme des Gesellschaftsvermögens der Limited zu hohen steuerlichen Belastungen und im Falle mehrere Gesellschafter auch zu Auseinandersetzungen zwischen diesen führen. Auch erscheint die Entnahme des Gesellschaftsvermögens insbesondere für große Unternehmen nicht praktikabel.

Weiter stellt sich die Frage nach dem Fortbestand möglicher Verbindlichkeiten und laufender Verträge mit Dritten. Diese müssten womöglich gekündigt und neu eingegangen werden.

---

[99] Schall, ZfPW 2016, 407 (447).

Falls dies von den betroffenen Dritten geduldet wird stellt sich wieder die Kostenfrage die sowohl logistische, juristische und allgemeine wirtschaftliche Konsequenzen umfasst.

Schlussendlich erscheint dieser Weg auch nicht besonders attraktiv, da er in der Umsetzung nicht so klar ist, wie die Struktur zunächst erscheint. Allenfalls für kleine Unternehmen mit wenigen Gesellschaftern bildet dieser Weg eine echte Alternative.

6 Kritische Würdigung und Stellungnahme

Durch den bevorstehenden Brexit werden die turbulenten Jahre des Gesellschaftsrechts definitiv nicht enden. Die bestehenden Limiteds in Deutschland werden in Ermangelung entgegenstehender Regelungen wahrscheinlich ihre Haftungsbeschränkung verlieren und als Außen-GbR oder oHG am Wirtschafsverkehr teilnehmen. Ein Ausweg ohne Rechtsformwechsel besteht dabei in der Abkehr von der Sitztheorie in Deutschland oder einem Beitritt Großbritanniens in den EWR. Gerade die Austrittsverhandlungen sollten dabei von den betroffenen Personen aufmerksam verfolgt werden.

Da sowohl eine Abkehr von der Sitztheorie als auch der Beitritt in den EWR gemeinhin als unwahrscheinlich angesehen werden, wird das englische Gesellschaftsrecht höchstwahrscheinlich seine Vormachtstellung innerhalb Europas verlieren. Der Weg für eine neue vorherrschende Jurisdiktion ist somit geebnet.

In welche Richtung diese Entwicklung geht und welche Rechtsordnung sich durch setzten wird, steht bei weitem noch nicht fest. Auch wenn das deutsche Gesellschaftsrecht durchaus Potential hat, darf sich der Gesetzgeber nicht auf der international hohen Anerkennung der deutschen Rechtsordnung ausruhen. Vielmehr scheint der Zeitpunkt gerade richtig für eine weitere Novelle des GmbH-Rechts. In diesem Zuge wäre es auch möglich, einen Umzug aus der Limited in die GmbH oder UG einfachgesetzlich zu regeln, um die Rechtsordnung im Wettbewerb zu stärken. Darüber hinaus könnten die Kritikpunkte am MoMiG, wie die schlechte Anwendbarkeit der Musterprotokolle oder die im internationalen Vergleich immer noch zeitaufwendige Gründung, beseitigt werden. Auch eine amtliche Übersetzung der betreffenden Gesetze ins Englische oder in andere europäischen Sprachen wäre ein erster Schritt.

Es wird sich zeigen, was die Zukunft bringt, aber genau diese Ungewissheit und die vielfältigen Entwicklungsmöglichkeiten sollten Anreiz genug sein, diesen Themenkomplex auch weiterhin zu verfolgen.

Literaturverzeichnis

Airberlin, Meine Buchungen, https://www.airberlin.com (Stand: 1.1.18)

Baumbach/Hueck (Hrsg.) GmbH-Gesetz, 21. Aufl., München 2017 (zitiert: Bearbeiter, in: Baumbach, Hueck).

Graf von Bernstorff, Besonderheiten des englischen Rechts, in: Einführung in das englische Recht, München 2006, S. 1 – 38.

Blumenwitz, Die anglo-amerikanische Rechtsquellenlehre, in: Einführung in das anglo-amerikanische Recht, München 2003, S. 11 – 101.

Bundeszentrale für politische Bildung, Wirtschaftliche Entwicklung in der Bundesrepublik, http://www.bpb.de/izpb/9748/wirtschaftliche-entwicklung-in-der-bundesrepublik?p=all (Stand: 14.12.17)

Frankfurter Allgemeine Zeitung, EU startet zweite Phase der Brexit-Verhandlungen, http://www.faz.net/aktuell/brexit/eu-startet-zweite-phase-der-brexit-verhandlungen-15342347.html (Stand: 23.12.2017)

Frischhut/Ranacher, Die Rechte der Bürger in der EU: Grundfreiheiten, Diskriminierungsverbot, Unionsbürgerschaft, Unionsgrundrechte, in: Einführung in das EU-Recht, Wien 2015, S. 95 – 144.

Frischhut/Ranacher, Recht, Rechtsetzung und Verwaltung der EU, in: Einführung in das EU-Recht, Wien 2015, S. 55 - 95.

Grigoleit/Rieder, Neuordnung der Sanktionen für verdeckte Sacheinlagen, in: GmbH-Recht nach dem MoMiG, München 2009, S. 61 – 69.

von der Groeben, Hans/Schwarze, Jürgen/Hatje, Armin (Hrsg.) Vertrag über die Arbeitsweise der Europäischen Union, 7. Aufl., Baden-Baden 2015 (zitiert: *Bearbeiter*, in: Vertrag über die Arbeitsweise der Europäischen Union)

Heinz, Überblick über das englische Gesellschaftsrecht, in: Die englische Limited, Baden-Baden 2006, S. 17 – 21.

Heinz/Hartung, Gesellschaftsgründung, in: Die englische Limited, Baden-Baden 2011, S. 28 - 35.

Heinz/Hartung, Geschäftsführer – COMPANY'S Director, in: Die englische Limited, Baden-Baden 2011, S. 52 - 64.

Henrich/Huber, Das englische Recht und seine Quellen, in: Einführung in das englische Privatrecht, Heidelberg 2003, S.11 – 36.

Institut für Meinungsforschung Bonn, Gewerbliche Unternehmensgründungen nach rechtsform, https://www.ifm-bonn.org/fileadmin/data/redaktion/statistik/gruendungen-und-unternehmensschliessungen/dokumente/UntGr_UntLi_RF_2005-2015.pdf (Stand: 24.12.2017)

Jungmann, Carsten/Santoro, David, Introduction, in: German GmbH Law Das deutsche GmbH-Recht, München 2011, S. 1 – 3.

Leistikow, Michael, Ziele des MoMiG, in: Das neue GmbH-Recht, München 2009, S. 21-23.

Just, Einführung: Englisches Gesellschaftsrecht, in: Englisches Gesellschaftsrecht, München 2008, S. 1 – 13.

Just, Gesellschafter und Gesellschafterversammlung, in: Die englische Limited in der Praxis, München 2012, S. 28 – 37.

Kußmaul/Ruiner, Ausgewählte Charakteristika der Limited mit ausschließlicher Geschäftstätigkeit in Deutschland im Licht der aktuellen Gesetzesänderungen, IStR 2007 S. 696 – 700.

Leistikow, Michael, Umsetzung des MoMiG, in: Das neue GmbH-Recht, München 2009, S. 25-129.

Michalski/Heidinger/Leible/Schmidt (Hrsg.) GmbHG, 3. Aufl., München 2017 (zitiert: Bearbeiter, in: Kommentar zum Gesetz betreffend die Gesellschaft mit beschränkter Haftung (GmbH-Gesetz)).

Mittelstands Anwälte, Einführung in das Englische Recht, http://mittelstands-anwaelte.de/images/rechtaz/Einfhrung_in_das_englische_Recht.pdf (Stand: 03.12.17)

Mosthaf, Die Gesellschaft mit beschränkter Haftung, in: Die Reformen des Rechts der Gesellschaften mit beschränkter Haftung, Frankfurt am Main 1994, S. 15 – 45.

Nazari-Khanachayi, Arian, Gesellschaftsrechtliche Folgen des Brexit : Zum Problem der drohenden persönlichen und unbeschränkten Haftung der Gesellschafter für „Altverbindlichkeiten", WM 2017, S. 2370 – 2379.

Oppermann/Classen/Nettesheim, Rang des Unionsrechts, in: Europarecht, München 2016, S. 146 – 161.

Portal zur UG & Ltd., Organe und Personen der Limited Gesellschaft, https://www.ug-ltd.de/limited/struktur.html (Stand: 07.12.17).

Schall, Grenzüberschreitende Umwandlung der Limited (UK) mit deutschem Verwaltungssitz – Optionen für den Fall des Brexit, ZfPW 2016, S. 407 – 448.

Seeger, Die Folgen des „Brexit" für die britische Limited mit Verwaltungssitz in Deutschland, DStR 2016, S. 1817 – 1824.

Stern, Am 29.03.2019 um Mitternacht verlässt Großbritannien die EU, https://www.stern.de/politik/ausland/brexit--am-29-03-2019-um-mitternacht-verlaesst-grossbritannien-die-eu-7693864.html (Stand: 23.12.2017).

SWR, Dreyer zu Brexit-Verhandlungen: Rheinland-Pfalz will mitreden, https://www.swr.de/-/id=17539438/property=full/5kr0pb/Brexit.jpg (Stand: 27.12.17).

The Free Dictionary, Equity, https://legal-dictionary.thefreedictionary.com/equity (Stand: 03.12.17)

Teichmann, Christoph/Knaier, Ralf, Auswirkungen des EU-Austritts auf englische Gesellschaften in Deutschland, IWRZ 2016, S. 243 – 247.

Wachter, Thomas, Gründung einer GmbH, in: Das MoMiG in Wissenschaft und Praxis, Köln 2009, S. 1 – 55.

Ziemons/Jaeger (Hrsg.) Beck'scher Online-Kommentar GmbHG, 30. Aufl., München 2017 (zitiert: Bearbeiter, in: BeckOK).

Zwirlein, Susanne/Großerichter, Helge/Gätsch, Andreas, Exit before Brexit, NZG 2017, S. 1041 – 1046.